数字化财务活页式系列丛书



# 工业企业财务综合实训

主编 ◎ 徐璟　吴国毅　杨巧

華中科技大學出版社
http://www.hustp.com
中国·武汉

**图书在版编目（CIP）数据**

工业企业财务综合实训 / 徐璟，吴国毅，杨巧主编 .—武汉：华中科技大学出版社，2020.8（2021.12重印）
ISBN 978-7-5680-6497-2

Ⅰ.①工… Ⅱ.①徐… ②吴… ③杨… Ⅲ.①工业企业管理－财务管理 Ⅳ.①F275

中国版本图书馆 CIP 数据核字 (2020) 第 149618 号

**工业企业财务综合实训**
Gongye Qiye Caiwu Zonghe Shixun　　　　徐璟　吴国毅　杨巧　主编

策划编辑：聂亚文
责任编辑：刘　静
封面设计：孢　子
责任监印：朱　玢
出版发行：华中科技大学出版社（中国·武汉）　　电话：（027）81321913
　　　　　武汉市东湖新技术开发区华工科技园　　邮编：430223
录　　排：华中科技大学惠友文印中心
印　　刷：武汉开心印印刷有限公司
开　　本：787mm × 1092 mm　1/16
印　　张：19.5
字　　数：100 千字
版　　次：2021 年12月第 1 版第 3 次印刷
定　　价：88.00 元（含教学票样）

# 前言

十九大报告指出，完善职业教育和培训体系，深化产教融合、校企合作。基于此，建设产教融合下的实训基地是职业教育提升应用型人才培养质量的重要途径，而高度仿真的活页式、工作流程式实训教材成为实训基地不可缺少的教学工具。“数字化财务活页式系列丛书”正是基于会计毕业实习实训的需要而推出的。

近几年，随着大数据、人工智能、移动互联网、云计算、物联网等新技术的快速发展，企业对人才的需求从核算型会计逐步向管理型会计转变，企业财务部门也在由传统财务向价值创造中心转型，但是在现阶段会计核算仍旧是会计职业中一个最基本的能力，它是原理和方法。虽说财务机器人（RPA）已经在很多企业广泛使用，但是，财务机器人的流程和规则还是需要熟悉财务业务的人员去定义，例如报销机器人、报税机器人、开票机器人等，这些流程自动化的业务随时会因为相关而系统的变化需要重新定义流程和规则。因而，编者认为财务人员是不会被机器取代的，但财务一定要转化成“智能化”的财务，这个“智能”不仅仅指智能识别、智能审核、智能分析等技术，更指财务人员观念的转变。财务人员要始于感知、精于计算、巧于决策、勤于执行、善于学习，而不仅仅把自己当成流水线上的工具。

未来的财务人员除了要精通财务核算以外，还要擅长管理、熟悉 IT、洞察业务、了解公司战略，成为兼备会计、信息化、管理、金融等领域知识的复合型人才，以满足时代的要求和企业的需求。而这一切，都有赖于对最基础的财务业务的熟悉和把握。

本书为“数字化财务活页式系列丛书”之一，以九州华问金属制品有限公司为主体，设计了包括对工业企业的认知、会计政策的掌握、企业制度的了解，企业年末的日常业务单据处理、成本归集核算、管理报表编制等常见的会计业务处理过程，以及财务数据分析的整套财务体系。书中包含会计综合实训指导手册以及高度仿真的原始凭证单据包，其中单据包以一家金属制品加工企业为例，完整展现了一家增值税一般纳税人企业从采购原材料、生产车间领用原材料、产成品完工入库、销售部门销售发货、生产成本的核算、销售货款收回，到企业日常财务费用报销、工资发放、固定资产折旧、增值税专用发票和普通发票开具等业务处理，再到会计报表编制和纳税申报的企业产、供、销经营全过程。学习者通过对本书的学习，能够迅速地提升会计实践能力，累积一定的经验，增强职业竞争力。

经而觉，历而悟，作为会计职业教育和财务数字化应用领域中的积极践行者，北京华问教育科技有限公司基于十八年来的实践经验，不断将经验沉淀、总结和分享，以“培养数字化会计应用人才”为使命，凭借全球化的视野、前瞻性的 IT 规划能力、创新的产品架构、强大的课程开发与教学交付能力，致力于帮助院校搭建业财一体的数字化应用实训场景，建立智能化、数字化的会计实习实训基地。

书中所涉及的业务单位和人员均为虚构，如有雷同，纯属巧合；所涉及行政事业单位的票据和印章均为实现单据真实化而编制的，如有不妥请及时告知，我们将及时做出修正（若想索取平台半年免费使用权，请发送邮件至 135141@qq.com）。

# 目录

# 第一部分

# 企业基本情况

## 一、企业简介

九州华问金属制品有限公司（以下简称“公司”）创立于二〇〇八年，为华北地区较早开办的金属制品专业生产厂家。经过多年的顺势发展，公司现成为拥有固定资产1,000多万元，员工80余人，其中各类技术人员有20多人的外向型企业。公司引进先进的生产设备，采用优质的原材料、严格的管理手段、科学的检测手段，主要生产“华问”系列丝、网，以及丝、网深加工产品。公司生产的产品包括4大类，共20多个品种，主要用于建筑、高速公路、铁路、园林防护、水产、养殖、冶金机械、家居等领域。

为了制造品质优良的金属制品，公司在原料选配、拉拔、精磨、编织等工序方面，已实现拔丝织网一条龙生产，并配备一流的检测手段和高素质的管理人员，降低了生产成本，扩大了市场占有率，同时严格执行ISO 9000质量管理标准，确保金属制品品质优良。

随着移动互联网时代的到来，公司紧跟电商发展的大趋势，引进O2O商业模式，将传统工业企业经营与电子商务相结合，创造出了具有自身特色的O2O商业模式。

公司坚守“以市场为导向，凭质量求生存”的经营理念，以“使用户满意”为经营准则，根据客户的需求量身定做产品，我们坦言，我们不是最好的，但我们殚精竭虑，不断追求至善至美，坚持与时俱进，不断完善自我，同广大客户携手发展，共同迎接新的机遇和挑战，共创辉煌的明天！

## 二、企业营业执照（五证合一）

企业营业执照如图1-1所示。

编号:No.1 01689888

# 营业执照

(副　本)(1-1)

统一社会信用代码91110168MA008ULDHW

名　　　　称　九州华问金属制品有限公司

类　　　　型　有限责任公司（自然人投资或控股）

住　　　　所　九州市高新大道98号华问大厦

法定代表人　王晓华

注 册 资 本　肆仟万元整

成 立 日 期　2008年9月20日

营 业 期 限　2008年9月20日至长期

经 营 范 围　金属制品加工；批发及零售

在线扫码获取详细信息

登 记 机 关

九州市工商行政管理局高新分局

2019 年12 月6 日

提示：每年1月1日至6月30日通过企业信用信息公示系统报送上一年度年度报告并公示。

中华人民共和国国家工商行政管理总局监制

图 1-1

## 三、企业组织构架

企业组织构架如图 1–2 所示。

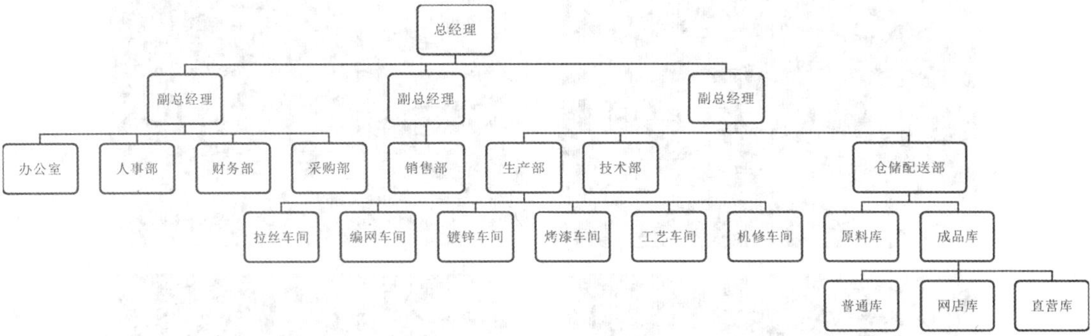


图 1–2

## 四、生产设备及车间情况

主要生产设备一览如图 1–3 所示。

窗纱网机

轧花网机

刺绳机

烤漆生产线

卧式集成四连拔轧两用生产线

直线式全自动电镀生产线

图 1–3

生产车间一角如图 1–4 所示。

图 1–4

## 五、企业产品及工艺流程

### 1. 镀锌丝

产成品和物料清单如表 1–1 所示。

材料：采用低碳钢盘条、锌锭作为原材料。

表 1–1

| 产成品 | | 物料清单 | | | |
|---|---|---|---|---|---|
| 编码 | 产品名称及型号规格 | 编码 | 物料名称及型号规格 | 编码 | 物料名称及型号规格 |
| 102001 | 镀锌丝 Φ2.2 | 202001 | 低碳钢盘条 Φ6 | 205001 | 锌锭 0# |
| 102002 | 镀锌丝 Φ2.5 | 202002 | 低碳钢盘条 Φ8 | 205002 | 锌锭 1# |
| 102003 | 镀锌丝 Φ2.7 | 202003 | 低碳钢盘条 Φ12 | | |

生产工艺：采用低碳钢盘条，经过拉拔成型、酸洗除锈、高温退火、热镀锌、冷却等工艺加工而成。

生产车间：拉丝车间、镀锌车间。

分类：按生产工艺可分为热镀和电镀两类。

特点：具有表面光泽度好、锌层均匀、附着力强、耐腐蚀性能好等特点。

用途：用于生产电焊网、轧花网、筐篮、护栏网片、U 形丝、打包扣等。

镀锌丝产成品如图 1–5 所示。

图 1–5

## 2. 烤漆丝

产成品和物料清单如表 1–2 所示。

材料：采用铝镁合金丝、油漆作为原材料。

表 1–2

| 产成品 | | 物料清单 | | | |
|---|---|---|---|---|---|
| 编码 | 产品名称及型号规格 | 编码 | 物料名称及型号规格 | 编码 | 物料名称及型号规格 |
| 101001 | 烤漆丝 Φ0.1 | 201001 | 铝镁合金丝 Φ0.1 | 204001 | 油漆 草绿色 |
| 101002 | 烤漆丝 Φ0.2 | 201002 | 铝镁合金丝 Φ0.2 | 204002 | 油漆 墨绿色 |
| 101003 | 烤漆丝 Φ0.3 | 201003 | 铝镁合金丝 Φ0.3 | 204003 | 油漆 白色 |
| 101004 | 烤漆丝 Φ0.4 | 201004 | 铝镁合金丝 Φ0.4 | 204004 | 油漆 蓝色 |
| 101005 | 烤漆丝 Φ0.5 | 201005 | 铝镁合金丝 Φ0.5 | 204005 | 油漆 红色 |
| 101006 | 烤漆丝 Φ0.6 | 201006 | 铝镁合金丝 Φ0.6 | | |

生产工艺：在金属丝表面涂上一层混合漆料后烘烤，使混合漆料不易脱落，从而改变金属丝的颜色。

生产车间：烤漆车间。

产品规格： Φ0.04 ~ Φ1.5 mm。

产品颜色：草绿色、墨绿色、白色、蓝色、红色。

包 装：切断后装入塑料袋、盘、麻布袋，绕在小木棒上等。

特 点：烤漆效果好，油漆不易脱落。

用 途：用于食品包装袋、冷藏保鲜袋、垃圾袋等各种包装袋，也用于高品质礼品、手工艺品的制作，广泛用于艺术品及欧美国家圣诞树插花等艺术。

烤漆丝产成品如图 1–6 所示。

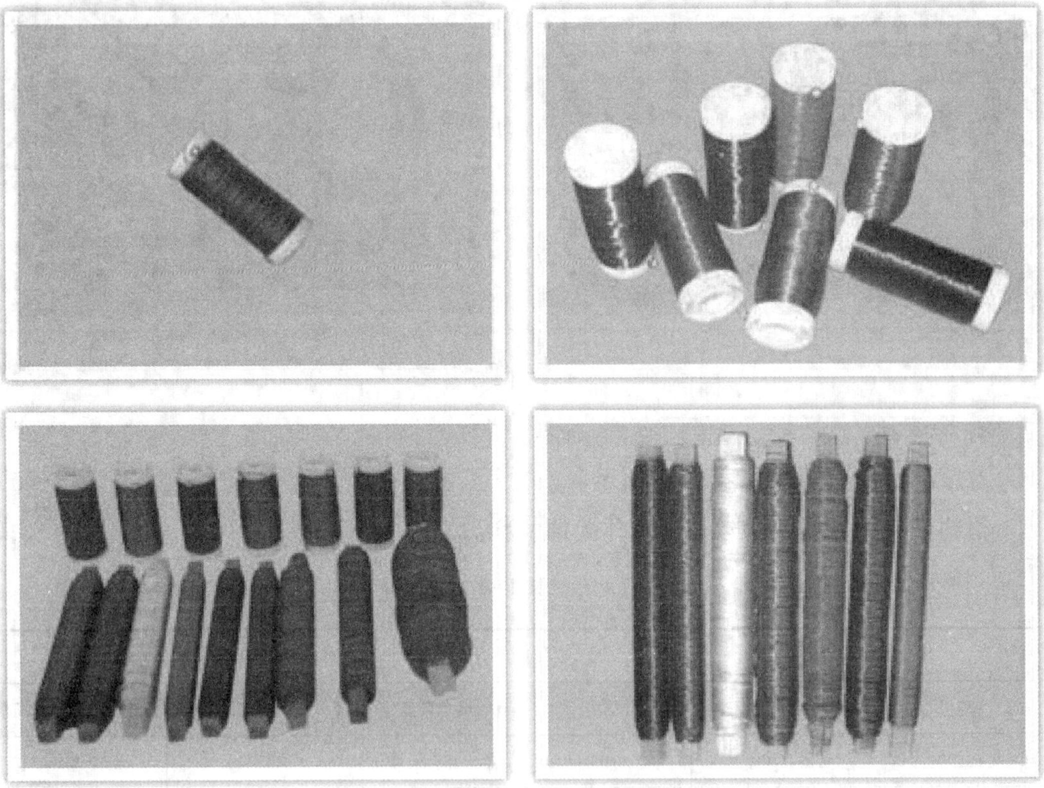

图 1–6

### 3. 六角网

产成品和物料清单如表 1–3 所示。

材料：不锈钢丝。

表 1-3

| 产成品 | | 物料清单及型号规格 | |
|---|---|---|---|
| 编码 | 产品名称及型号规格 | 编码 | 物料名称 |
| 103001 | 六角网 Φ2.0 6×8 | 203001 | 不锈钢丝 Φ2.0 |
| 103002 | 六角网 Φ2.5 7×9 | 203002 | 不锈钢丝 Φ2.5 |
| 103003 | 六角网 Φ3.0 8×10 | 203003 | 不锈钢丝 Φ3.0 |
| 103004 | 六角网 Φ3.5 9×11 | 203004 | 不锈钢丝 Φ3.5 |
| 103005 | 六角网 Φ4.0 10×12 | 203005 | 不锈钢丝 Φ4.0 |

生产工艺：以金属线材编织六角形，制成金属网。

生产车间：编网车间。

编织：正捻、反捻、双向搓捻、先编后镀、先镀后编等。

特点：结构坚固，表面平坦，具有良好的防腐蚀性能、抗氧化性能等。

用途：用于鸡、鸭、鹅、兔的围栏及动物园围栏，机械设备的防护栏，高速公路护栏，体育场所围网，马路绿化带防护网。用该丝网制作成箱子状的容器后，用乱石等填满网箱，可用于保护和支持海堤、山坡、路桥、水库及其他土木工程，是防洪和抗洪的好材料。

六角网产成品如图 1-7 所示。

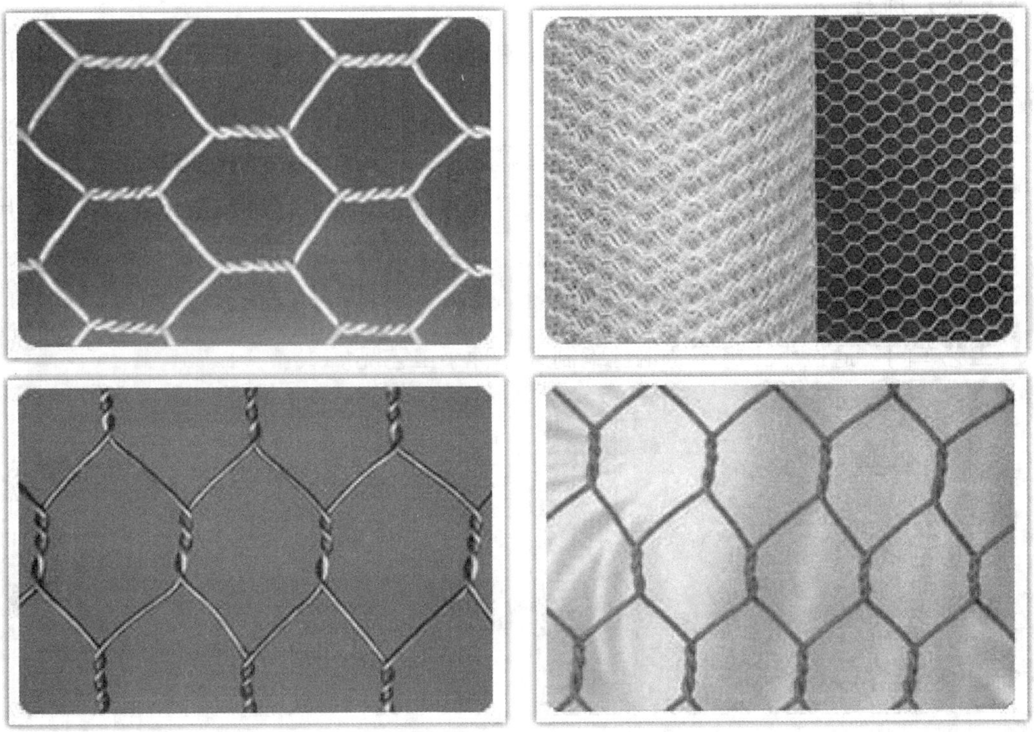

图 1-7

## 4. 手工艺品

材料：不锈钢丝（Φ3.5）。

生产工艺：用不锈钢丝编制各种工艺品。

生产车间：工艺车间。

编织：手工编制。

用途：装饰及收藏。

耗用标准：花瓶，0.21 kg/ 个；马，0.416 kg/ 个；牛，0.416 kg/ 个。

用不锈钢丝编织成的工艺品如图 1–8 所示。

图 1–8

## 5. 生产流程

拉丝车间：将低碳钢盘条经过卧式集成四连拔轧两用生产线处理后拉成不同规格的钢丝，并将钢丝转到镀锌车间。

镀锌车间：对拉丝车间转来的钢丝进行镀锌处理，生产出产品镀锌丝。

编网车间：通过穿刺设备、轧花设备及窗纱网设备采用不锈钢丝进行编网，生产出六角网。

烤漆车间：采用铝镁合金丝通过烤漆生产线烤漆生产出各色烤漆丝。

工艺车间：通过手工将不锈钢丝编制成各种手工艺品。

# 第二部分

# 企业相关会计政策及文件

## 一、相关会计政策

### （一）会计年度

本公司会计年度自公历 1 月 1 日起至 12 月 31 日止。

### （二）记账本位币及银行基本账户

（1）本公司以人民币为记账本位币。

（2）本公司基本存款账户：交通银行九州市分行营业部 150220621930095052 3（银行承兑汇票业务通过基本存款账户处理）。

### （三）记账基础和计价原则（会计属性）

以权责发生制为记账基础。除某些金融工具外，均以历史成本为计价原则。

### （四）会计核算

如果资产发生减值，则按照相关规定计提相应的减值准备。

### （五）账务处理程序

本公司采用科目汇总表账务处理程序，根据科目汇总表登记总分类账。

### （六）应收款项

本公司的坏账确认标准为：债务人破产或死亡，以其破产财产或遗产清偿后，仍然不能收回的应收款项；因债务人逾期未履行其清偿责任，且具有明显特征表明无法收回时，经公司批准确认为坏账。

本公司采用备抵法核算坏账损失。坏账发生时，冲销原已提取的坏账准备。坏账准备不足冲销的差额，计入当期损益。

坏账准备计提比例如表 2–1 所示。

表 2-1

| 账龄 | 关联方应收款项计提比例 /(%) | 非关联方应收款项计提比例 /(%) |
|---|---|---|
| 1 年以内（含 1 年，下同） | 0 | 6 |
| 1 ～ 2 年 | 6 | 10 |
| 2 ～ 3 年 | 10 | 30 |
| 3 ～ 4 年 | 30 | 50 |
| 4 ～ 5 年 | 50 | 80 |
| 5 年以上 | 80 | 100 |

### （七）存货

存货包括原材料、半成品、产成品、备品备件等。存货包括在日常活动中持有的以备出售的产成品或商品、处在生产过程中的在产品、在生产过程或提供劳务过程中耗用的材料和物料等。存货按照实际成本进行初始计量。存货成本包括采购成本、加工成本和其他成本。发出存货，采用全月一次加权平均法确定其实际成本（核算时数量保留三位小数，单价和金额保留两位小数）。存货的盘存采用永续盘存制。低值易耗品和包装物采用一次转销法进行摊销。

本套账务进行产成品分配时，应遵循下列三项原则：①主要材料直接分配；②辅助材料按照主要材料耗用数量比率分配；③人工成本、制造费用按照完工产品数量权重分配。

### （八）固定资产

固定资产的折旧采用年限平均法计提，各类固定资产的预计净残值率、使用寿命及年折旧率如表 2-2 所示。

表 2-2

| 固定资产类别 | 预计净残值率 /(%) | 预计使用年限 | 年折旧率 /(%) |
|---|---|---|---|
| 房屋、建筑物 | 5 | 10 ～ 45 | 2.12 ～ 9.50 |
| 电子设备 | 5 | 3 ～ 5 | 19.00 ～ 31.67 |
| 机器设备 | 5 | 4 ～ 28 | 3.40 ～ 23.75 |
| 运输工具 | 5 | 6 ～ 18 | 5.28 ～ 15.84 |

已达到预定可使用状态但尚未办理竣工决算的固定资产，按照估计价值确定其成本，并计提折旧；待办理竣工决算后，再按实际成本调整原来的暂估价值，但不需要调整原已计提的折旧额。

本公司至少于每年年度终了，对固定资产的预计净残值、使用寿命和折旧方法进行复核，并对固定资产减值情况进行测试，必要时进行调整。

（1）固定资产清理应由设备部门提出报告，经技术鉴定后，报分管领导审批后处理。

（2）对外支付的固定资产修理费用，一次金额较大的，通过“长期待摊费用”账户核算；一次金额不大的，直接计入当期损益。

## （九）在建工程

在建工程成本按实际工程支出确定，包括在建期间发生的各项必要工程支出、工程达到预定可使用状态前的应予资本化的借款费用以及其他相关费用等。

在建工程在达到预定可使用状态时转入固定资产。

## （十）职工薪酬

职工薪酬是指企业为获得职工提供的服务而给予的各种形式的报酬以及其他相关支出，主要包括工资、奖金、津贴和补贴、职工福利费、社会保险费及住房公积金、工会经费和职工教育经费等。

本公司在职工提供服务的会计期间，将应付的职工薪酬确认为负债，并根据职工提供服务的受益对象计入相关资产成本和费用。因解除与职工的劳动关系而给予的补偿，计入当期损益。

注：工艺车间按照工人生产的合格产品的数量来计算工资报酬。

社会保险费按九州市的缴费比例缴纳。

养老保险：职工工资收入高于本市上年度职工平均工资300%的，以本市上年度职工平均工资的300%为缴费基数；职工工资收入低于本市上年度职工平均工资60%的，以本市平均工资的60%为缴费基数；职工工资在本市上年度职工平均工资的60%～300%范围内的，按实申报。其中单位缴纳20%，个人缴纳8%。

医疗保险：根据养老保险基数缴纳，其中单位缴纳6%，个人缴纳2%。

失业保险：缴费单位按其参加失业保险的全部职工工资总额的2%缴纳，缴费个人按照本人工资总额的1%缴纳。

工伤保险：由单位缴纳，比例为0.8%。

生育保险：由单位缴纳，比例为0.8%。

住房公积金：单位和职工缴存比例最低不低于5%，原则上不高于12%（合计缴存比例为 10% 至 24%)。住房公积金缴存比例统一按照单位、个人各 12% 执行。

根据要求，用人单位以上年度工资总额为基数缴纳社会保险费，工资总额包含计时/计件工资、各项津贴和补贴、加班加点工资、奖金、特殊情况下支付的工资等。2019 年度职工基本养老保险使用的九州市在岗职工月平均工资为 3,650 元 / 月 。

福利费、工会经费和教育经费计提基数和（企业）计提比例如表 2–3 所示。

表 2–3

| 项目 | 计提基数 | （企业）计提比例 |
|---|---|---|
| 福利费 | 本月应付工资总额 | 实际支付时再计提（会计上无金额限制，税法限制在 14% 以内） |
| 工会经费 | 同上 | 2% |
| 教育经费 | 同上 | 1.8% |

## （十一）应交税费

### 1. 增值税

本公司为营改增后增值税一般纳税人，增值税应纳税额为当期销项税额抵减可以抵扣的进项税额后的余额，货物销售增值税的税率为 13%，房屋租赁收入增值税的税率为 9%，运费抵扣 9%。

### 2. 房产税

房屋租赁收入等缴纳房产税，税率为 12%。

### 3. 城市维护建设税、教育费附加、地方教育附加

城市维护建设税按实际缴纳流转税额的 7% 计缴，教育费附加按实际缴纳流转税额的 3% 计缴，地方教育附加按实际缴纳流转税额的 2% 计缴。

### 4. 企业所得税

本公司所得税的会计核算采用资产负债表债务法。本公司在取得资产、负债时，确定其计税基础。资产、负债的账面价值与其计税基础存在的暂时性差异，按照《企业会计准则第 18 号——所得税》有关规定，确认所产生的递延所得税资产或递延所得税负债。

本公司根据主管税务机关核定，所得税采取分季预缴方式，按应纳税所得额的 25% 计缴。

### 5. 个人所得税

月薪酬收入 5,000 元以上的部分为应纳税所得额，各级税率如表 2–4 所示。

表 2–4

| 级数 | 全月应纳税所得额 | 税率 /(%) | 速算扣除数 / 元 |
|---|---|---|---|
| 1 | 不超过 3,000 元 | 3 | 0 |
| 2 | 超过 3,000 元至 12,000 元的部分 | 10 | 210 |
| 3 | 超过 12，000 元至 25,000 元的部分 | 20 | 1,410 |
| 4 | 超过 25,000 元至 35,000 元的部分 | 25 | 2,660 |
| 5 | 超过 35,000 元至 55,000 元的部分 | 30 | 4,410 |
| 6 | 超过 55,000 元至 80,000 元的部分 | 35 | 7,160 |
| 7 | 超过 80,000 元的部分 | 45 | 15,160 |

工资个税的计算公式为：应纳税额 =（工资薪金所得 – “五险一金” – 专项扣除）× 适用税率 – 速算扣除数。

### （十二）盈余公积

法定盈余公积是国家规定企业必须从税后利润中提取的盈余公积，提取比例为 10%。本公司任意盈余公积提取比例为 5%。

### （十三）水费、电费的分配方法

各月水费、电费分别按固定比例（见表 2–5）分摊。

表 2–5

| 分摊单位 | 水费 | 电费 |
|---|---|---|
| 行政管理部门 | 5% | 12% |
| 生产车间 | 85% | 80% |
| 机修车间 | 10% | 8% |

注：销售部门分配比例太小，已归入行政管理部门共同计算；工艺车间分配比例太小，已归入生产车间平均分配共同计算。分摊单位计算有小数点差异时，调整到行政管理部门。

## 二、文件汇编

文件汇编如下所示。

# 九州华问金属制品有限公司

华问办字〔2017〕001号

## 关于印发人事管理制度的通知

公司各部室：

根据公司业务发展规划的要求，现制定人事管理制度。该制度系公司对人才的甄用及日常管理的纲要文件，由人事部依照相关规定严格执行。

附：人事管理制度

九州华问金属制品有限公司

二〇一七年六月一日

九州华问金属制品有限公司 1101180791686

签发人：王晓华

抄 送：人事部、财务部等各部室

拟 稿：方江　　校对：杨素芳

附：

# 人事管理制度

为实现公司的经营管理目标，规范管理行为，提高工作效率，增强员工的责任感、归属感，特制定本制度。

## 一、适用范围

1. 本制度所称员工，系指本公司各部门、项目部聘用的全体从业人员。

2. 本公司员工的管理，除遵照国家和地方有关法令外，都应依据本制度进行。

## 二、录用

1. 公司各部门、项目部如因工作需要，必须增加人员时，应先提出申请，经人事部审核、总（副总）经理批准后，由人事部统一纳入聘用计划并办理招聘事宜。

2. 员工的甄选，以学识、能力、品德、体格及满足工作所需要条件为准。采用考核和面试两种，依实际需要选择其中一种实施或两种并用。

3. 新进人员经考核或面试合格和审查批准后，由人事部办理试用手续。一般员工试用期两个月，主管员工试用期三个月，期满合格后，方能正式录用；成绩优秀者，可适当缩短其试用时间。

4. 试用人员报到时，应向人事部送交以下证件：

（1）毕业证书、学位证书原件及复印件；

（2）专业技术职务任职资格证书原件及复印件；

（3）身份证原件及复印件；

（4）一寸半身免冠照片两张；

（5）员工服务承诺书；

（6）其他必要的证件。

5. 凡有下列情形者，不得录用：

（1）剥夺政治权利尚未恢复者；

（2）被判有期徒刑或被通缉，尚未结案者；

（3）吸食毒品或有其他严重不良嗜好者；

（4）贪污、拖欠公款，有记录在案者；

（5）患有精神病或传染病者；

（6）因品行恶劣，曾被政府行政机关惩罚者；

（7）身体条件不适合所从事的岗位者（经总经理特许者不在此列）；

（8）其他经公司认定不适合者。

6. 试用人员如品行不良、工作欠佳或无故旷职，可随时停止试用，予以辞退。

7. 员工经录用分派工作后，应立即到所分配的地方工作，不得无故拖延推诿。

## 三、福利待遇

1. 公司依照企业的发展和兼顾工作人员生活安定及逐步改善的原则，以贡献定报酬，凭责任定待遇，给予员工合理的报酬和待遇。

2. 员工的基本待遇有基本工资、通信补贴和绩效奖金，按月计发，出勤天数未足月的，按日（实际出勤天数 × 基本工资 /30 天）计发。月薪工资在次月月底前发放，如遇工程回款未及时到位，工资发放适当顺延。

3. 新进人员从报到之日起计薪，离职人员自离职之日停薪，按日计发。

4. 试用人员试用期间不享受综合保险。转正后，由公司统一办理综合保险。

5. 在公司上班的外地员工，可申请安排集体宿舍；在项目部的员工统一由项目部经理安排住宿。

6. 公司依据有关国家规定，发放员工年终奖金，年终奖金的评定方法及额度由公司根据经营情况确定。

## 四、休假及请假

1. 按相关规定，员工享有以下带薪假日（有基本工资，无绩效工资）：元旦，1 天；春节，3 天；清明节，1 天；劳动节，1 天；端午节，1 天；中秋节，1 天；国庆节，3 天；婚假，3 天 + 晚婚 7 天；丧假，3 天；产假，90 天 + 晚育 15 天。

2. 出于业务需要，公司可临时安排员工于法定的公休日、休假日照常上班，公司发送适当补贴或安排调休（调休不另计补贴）。

3. 春节期间休假或探亲的，按照公司规定的休假天数休假；放假期间在公司和项目部值班的，发放值班补贴或安排调休。在值班时间内擅离职守者，除不计有效工作时间外，还以旷工论处。

4. 对于春节探亲往来旅途费，可按公司规定报销相应的费用，超支部分由个人承担。具体额度由公司根据经营情况确定。

5. 委托或代人打卡和其他伪造出勤记录者，一经查明属实，双方均以旷工论处，不发薪资及奖金。

6. 员工请假须提前提出申请，2 天以内的须经所属部门主管、行政办主任批准；3 ~ 5 天的，须经副总经理批准；5 天以上的须经总经理批准。未经准假离岗者，以旷工论处。

## 五、辞职及辞退

1. 员工因故不能继续工作时，应填写书面离职申请，一般员工经部门主管、人事部主任核准，主管以上员工须经副总经理、总经理批准后方可办理手续，并视需要，由人事部开具“离职证明”。

2. 一般员工辞职，需提前 7 天提出申请；部门主管辞职，需提前 2 个月提出申请。

3. 违反国家法令、公司制度而被辞退者，在赔偿公司的损失及办理完交接手续后，限当天内撤离。

## 六、保密

1. 不得泄露业务或职务上的机密，员工所掌握的有关公司、项目部的信息、资料和成果，应对上级领导全部公开，未经上级领导许可，不得向其他任何人公开或透露。

2. 明确职责，对于非本人工作职权范围内的机密，做到不打听、不猜测，不参与小道消息的传播。

3. 非经发放部门或文件管理部门允许，员工不得私自复印和拷贝有关文件。

4. 树立保密意识，涉及公司机密的书籍、资料、信息和成果，员工应妥善保管，若有遗失或偷窃，应立即向上级主管汇报。

## 七、考核

1. 试用考核：员工试用期间由试用部门主管负责考核，期满考核合格者，填写试用人员考核表，经总（副总）经理批准后正式录用。

2. 平时考核：由各部门、项目部依照《绩效工资考核管理办法》进行。

3. 部门主管以下人员的考核结果由各部门保存，作为确定薪酬、培养晋升的重要依据。部门主管以上人员的考核结果由总（副总）经理室保存，作为确定部门业绩、奖励的依据。

## 八、附则

本制度解释权、修改权归公司人事部，自颁布之日起生效。

九州华问金属制品有限公司

二〇一七年六月一日

九州华问金属制品有限公司 1101180791686

# 九州华问金属制品有限公司

华问财字〔2017〕001号

## 关于印发仓库物资出入库管理制度的

## 通知

公司各部室：

根据公司业务发展规划的要求，现制定财务管理相关制度，该制度包括：（1）仓库物资出库制度；（2）仓库物资入库制度。

附：仓库物资出入库管理制度

九州华问金属制品有限公司

二〇一七年六月一日

签发人：王晓华

抄 送：财务部、仓储配送部

拟 稿：方江　　校对：杨素芳

附：

# 仓库物资出入库管理制度

## 一、仓库物资出库制度

公司仓库一切商品货物的发出，一律凭盖有财务部门“九州华问金属制品有限公司收发专用章”和有销售部门人员签章的三联单办理出库手续，一式三份，一联由销售部门留存，一联交财务部门，一联交仓库作出库依据。业务发生时，由公司销售部业务员办理发货手续，财务部门确认货款后签章，仓管员根据销售发货单注明的业务安排发货。

生产车间领用原料、工具等物资时，仓管员凭生产技术部门的用料定额和车间负责人签发的领料单发放，仓管员和领料人均须在领料单上签名，领料单一式三份，一联退回车间作为其物资消耗的考核依据，一联交财务部作成本核算依据，一联由仓库作为登记实物账的依据。

发往外单位委托加工的材料，应同样办理出库手续，但须在出库单上注明，并设置“发外加工登记簿”进行登记。

来料加工客户所提供的材料在使用时，应类比生产车间领用办理出库手续，但须在领料单上注明，且不登记实物账，而是在“来料加工材料登记簿”上予以登记。

对于一切手续不全的提货、领料事项，仓管员有权拒绝发货，并视其程度报告业务部门、财务部门和公司经理处理。

## 二、仓库物资入库制度

外购物资（包括外购材料、商品等）到达后，由采购部门经办人填制“采购入库单”（一式三份，经仓管员签字后的“采购入库单”，一联由业务部门留底，一联由业务部门交给财务部，一联交仓库作为办理入库依据），仓管员根据“采购入库单”填写的品名、规格、数量、单价，将实物点验入库后，在“采购入库单”上签名。

企业自身生产的产成品入库，须有质量人员出具的“产品质量合格证”，由专人送交仓库，仓管员根据入库情况填制“产成品入库单”（一式三份），双方相互核对无误后须在“产成品入库单”上签名，签名后的“产成品入库单”一联由仓库作为登记实物账的依据，一联交生产车间作产量统计依据，一联交财务部作成本核算和产成品核算的依据。

委托加工材料和产品加工完后的入库手续类比外购物资入库手续进行办理，但须在“产成品入库单”上注明其来源，并在“发外加工登记簿”上予以登记。

因生产需要而直接进入生产车间的外购物资或已完工的委托加工材料，应同时办理入库手续和出库手续，以准确反映公司的物流量。

来料加工客户所提供的材料类比外购物资入库办理手续，但不登记仓库实物账，而设“来料加工材料登记簿”，以备查。

车间余料退库应填制“红字领料单”（一式三份），并在备注栏内详细说明原因，如系月底的退料，则在办理退料手续的同时，办理下月领料手续。

对于物资验收入库过程中所发现的有关数量、质量、规格、品种等不相符的现象，仓管员有权拒绝办理入库手续，并视其程度报告业务部门、财务部门和公司经理处理。

以上制度自 2017 年 6 月 1 日起执行。

九州华间金属制品有限公司

二〇一七年六月一日

# 九州华问金属制品有限公司

华问财字〔2017〕002号

## 关于印发现金管理制度及支票管理制度的通知

公司各部室:

根据公司业务发展规划的要求，现制定现金管理制度、支票管理制度。现金管理制度和支票管理制度属于系列财务制度的一部分，由财务部依照相关规定严格执行。自即日起执行。

附：现金管理制度、支票管理制度

九州华问金属制品有限公司

二○一七年六月一日

签发人：王晓华

抄 送：公司各部室

拟 稿：方江 校对：杨素芳

附：

# 现金管理制度

为提高现金的使用效率，正确、及时地反映现金的增减变动和结存情况，保护货币资金的安全完整，根据《现金管理暂行条例》银行结算制度和其他有关货币资金使用的政策法规，特制定本制度。本制度所称现金包括库存现金、银行存款及其他货币资金。

## 一、现金的日常管理

（一）出纳人员负责公司的现金收支与保管工作、银行存款的结算与核对工作、现金日记账和银行存款日记账的登记工作。

（二）经管现金的出纳人员不得兼管收入、费用、债权、债务等的账簿登记工作以及会计稽核和会计档案保管工作；用于银行结算的有关印鉴不能集中由出纳人员保管，应实行印鉴分管制度。

（三）当天发生的现金收支，必须及时入账，不得无故拖延。

（四）对库存现金实行限额管理，即按公司 3 天的日常零星开支核定，初步核定为 8,000 元。每日现金的结存数，一般不得超过核定的限额，超过部分应及时送存银行，以保证现金的安全；也不得低于限额，不足部分应及时补足，以保证日常工作的正常开展。

（五）库存现金应做到日清月结，由财务主管人员进行定期或不定期的抽查与稽核，做到账账相符（日记账和总账）、账实相符；不准用不符合财务制度规定的凭证（如白条等）顶替库存现金，不准谎报用途套取现金；对发现的现金余缺，必须认真查明原因，并按规定进行处理。

（六）出纳人员对银行存款余额应做到心中有数，不准签发空头支票或签发与预留印鉴不符的支票。

（七）银行存款要及时对账，尽量做到账账相符（银行对账单、日记账、总账）；每月月底按时到银行打出银行对账单，如有未达账项，应由出纳人员会同会计人员编制银行存款余额调节表；如仍然不符的，要及时查明原因，并上报有关负责人做出处理。

（八）不准利用公司银行账户代他人存取现金或转账，不准将公司的现金以个人名义进行储蓄。

（九）每月月末，由出纳人员编报货币资金收支汇总表，经会计人员审核后上报公司领导。

## 二、现金收入管理

（一）各种现金收入都应由出纳人员集中办理。除情况特殊外（如发生在外地的收付，或事先取得领导和出纳人员的同意并授权代收，但应于事后补交给出纳人员或办理相关手续），其他任何部门和个人，均不得出具收款凭证或用白条收取款项。

（二）收款程序：首先由业务部门开出一式两联的收款通知，经部门负责人审核后交出纳人员；然后出纳人员根据收款通知收取现金，开具一式三联的收据，其中一联给客户，一联留存，另一联加盖“现金收讫”或“转账收讫”章后随同收款通知在登记现金日记账后送交会计人员；会计人员收到收款通知和收据后，根据需要开具发票，其中一联给客户，一联留存，另一联随同收款通知和收据作为记账凭据；有关业务部门、出纳人员、会计人员应定期进行账账核对。

（三）凡属于公司的所有现金收入，都要入账。

（四）收到的现金或支票应及时交存银行，当天送存确有困难的，应集中存放于保险柜。

## 三、现金支出管理

（一）公司与其他单位和个人的经济往来，除下述范围内可以使用库存现金支付外，其他款项的支付均应通过开户银行办理转账结算：

1. 职工工资、津贴；
2. 个人劳务报酬；
3. 根据国家规定颁发给个人的各种奖金；
4. 各种劳保、福利费用以及国家规定的对个人的其他开支；
5. 出差人员必须随身携带的差旅费；
6. 结算起点以下的零星支出（结算起点为1,000元）；
7. 其他确实需要付现的支出。

（二）上述需要支付的款项，可以从库存现金限额中支付或者从开户银行提取，不得从当天的现金收入中直接支付，即坐支。

（三）支票签发应有出纳人员、会计负责人、公司领导三人的签章，一般情况下，不得签发空白支票；支票签发后，除登记银行存款日记账外，还要登记支票领用登记簿。

（四）出纳人员应根据手续齐全、审核无误的原始凭证支付款项，如无正当理由，不得无故拒付、延付；款项支付后，应在付款凭证上加盖“现金付讫”或“转账付讫”章，以免重复付款。

## 四、现金盘点制度

（一）盘点前，应由出纳人员将现金集中起来存入保险柜。

（二）由出纳人员根据现金日记账结出现金余额。

（三）盘点保险柜中的现金实存数，同时编制“库存现金盘点报告表”，分币种面值列示盘点金额。

（四）资产负债表日后进行盘点时，应调整至资产负债表日的金额。

（五）盘点金额与现金日记账余额进行核对，如有差异，应查明原因，并做出记录或适当调整。

（六）若有冲抵库存现金的借条、未提现金的支票、未做报销的原始凭证，应在“库存现金盘点报告表”中注明或做出必要的调整。

# 支票管理制度

## 一、支票的使用

1. 公司采购人员外出采购商品需用支票，领用时应事先将支票登记好，填写收款单位、支票用途、支票号码、预计用款金额等，由经手人在挂支单上签字或盖章。其他人员出于工作需要购买物品或支付有关费用需借用支票时，要逐项登记日期、支票号码、款项用途、用款限额，并签字。财会人员在签发支票时，必须填写好日期、抬头、用途，金额大、小写，遇有特殊情况，也必须填写日期、抬头、用途。

2. 采购人员借用支票时，财会人员应根据公司采购人员提出的进货品种、数量，按照采购权限，确定资金使用限额，采购人员必须在规定的资金限额内严格掌握使用，遇到特殊情况需要超过使用限额时，要事先与会计人员联系，经会计人员同意后才能使用，否则造成银行“空额”影响用款或发生银行罚款时，由使用人负责。

3. 采购人员采购商品回到公司后，应持供货单位发货票按核算内容填制挂支单（挂支单必须按规定的内容填写），并于当日进行清理，由于客观原因当日不能清理时，应及时向会计人员报告实际使用数额，以便会计人员掌握资金。

4. “使用限额”当日有效。当日未能使用而次日需继续使用时，须与会计人员重新确定限额。

5. 支票开好后，企业采购人员必须核对存根数字和支票票面数字，二者应相符。支票存根必须按规定填写单位名称、金额、款项用途。

6. 为防止支票丢失或被盗，未使用完的支票必须于当日交回会计部门注销。

## 二、支票的管理

1. 空白支票和支票印鉴，必须设专人负责保管。支票必须随签发、随盖章，不得事先盖章备用，严防支票遗失和被盗。

2. 会计部门要建立严格的支票管理制度。必须指定专人负责支票的购买及使用，并建立支票登记本，按照支票号码逐一进行登记。对已签发出的支票，要及时催报注销，并定期核对，做到心中有数，发现丢失短少，必须及时查找，同时向领导汇报。

3. 公司采购人员及有关人员每次借用支票一般不超过两张，已用的支票应于当日将支票存根和原始凭证一并交回会计部门。遇特殊情况当日报账有困难的，最多不得超过3天。会计部门接到交回的支票存根时，要核对号码并及时注销。会计部门对借出的支票有权随时督促报账。

4. 借用支票人员必须对所借支票予以妥善保管，不得随便乱改。保管和签发支票要按规定办理，否则发生支票丢失而使公司财产遭受损失时，要追究当事人的责任，由当事人根据情况赔偿部分或全部经济损失。

5. 借用支票人员一旦发现支票丢失或被盗，应立即查找，及时向领导汇报，并向会计人员、公司领导汇报，迅速到银行办理挂失手续，向公安部门报案。

6. 签发支票时，支票用途项内容填写要真实、齐全，字迹要清晰，不得更改大、小写金额，为避免签发空头支票，会计人员应准确地控制银行存款余额，及时、正确地记载账务，定期与银行对账单进行核对，发现问题及时解决。

7. 严格结算办法，必须做到：

（1）不签发空头支票；

（2）不签发远期或空期支票；

（3）不将支票出租、出借或转让给其他单位和个人使用；

（4）不将支票做抵押；

（5）不签发印鉴不全、印鉴不符的支票。

8. 支票使用要求：

（1）支票金额起点为1,000元。

（2）支票有效期为5天，背书转让地区的转账支票付款期为15天（自签发的次日算起，到期日遇假日顺延）。

（3）签发支票应使用碳素墨水笔填写，没有按规定填写，被涂改冒领的，由签发人负责。

（4）不得更改支票大、小写金额和收款人姓名，其他内容如有更改，必须由签发人加盖预留银行印鉴。

（5）按银行的有关规定，因签发空头支票和支票印章与预留银行印鉴不符而造成的退票，银行处以5%但不低于50元的罚款。对屡次签发的，银行将给予警告，通报批评，直至停止签发支票。

9. 过期、作废支票要按号订在原始凭证序号中，妥善保管，不准将支票乱扔乱放。

九州华问金属制品有限公司

二〇一七年六月一日

# 九州华问金属制品有限公司

华问财字〔2017〕003号

## 关于印发差旅费报销管理制度的通知

公司各部室：

根据公司业务发展规划的要求，现制定差旅费报销管理制度。该制度属于系列财务制度的一部分，由财务部依照相关规定严格执行。自即日起执行。

附：差旅费报销管理制度

九州华问金属制品有限公司

二〇一七年六月一日

签发人：王晓华

抄　送：财务部等各部门

拟　稿：方江　　　校对：杨素芳

附：

# 差旅费报销管理制度

为了加强公司内部管理，规范公司财务报销行为，合理控制费用支出，特制定本制度。

## 一、办理程序

1. 出差人员必须事先填写“出差申请单”，注明出差地点、事由、天数、所需资金，经部门负责人签署意见、分管领导批准后方可出差。

（特殊情况电话通知）

2. 出差人员借款需持批准后的“出差申请单”，填写“用款申请单”，并列明用款计划（附：用款计划明细单），由部门负责人签字担保、分管领导审批后方可借款。

3. 出差人员回公司后，应形成出差完成情况书面报告，并向分管领导汇报，由分管领导签署回复意见。

4. 出差人员根据签有分管领导回复意见的“出差申请单”和有效出差单据，按费用包干标准规定，经审核后方可报销差旅费。

5. 凡与原出差申请单规定的地点、天数、人数、交通工具不符的差旅费不予报销，因特殊原因或情况变化需改变路线、天数、人数、交通工具的，需经分管领导同意后方可报销。

6. 出差回公司应在 3 天内报账，超过 3 天报销差旅费，本着“前账不清，后账不借”的原则，延误工作责任自负，特殊情况由总经理特批，对各部门违反规定给予借款而造成账务混乱的，追究财务经办人及负责人的责任。

## 二、费用标准

总体原则：对出差人员的补助费、住宿费和市内交通费实行“包干使用，节约归己，超支不补”的办法。

（1）住宿标准（金额单位：元 / 天，下同）：

| 人员 | 标准 | | | | |
|---|---|---|---|---|---|
| 总经理（含副总经理，下同） | 实报实销 | | | | |
| 其余人员 | 特区 | 直辖市 | 省会城市 | 省辖市 | 县级市及以下 |
| | 160 | 160 | 120 | 80 | 60 |

（2）伙食补助费：

| 人员 | 标准 | | | | |
|---|---|---|---|---|---|
| 总经理 | 实报实销 | | | | |
| 其余人员 | 特区 | 直辖市 | 省会城市 | 省辖市 | 县级市及以下 |
| | 60 | 60 | 50 | 40 | 30 |

（3）交通工具标准：

| 人员 | 工具 | | | | |
|---|---|---|---|---|---|
| | 飞机 | 火车 | 轮船 | 长途汽车 | 出租车 |
| 总经理 | 普通舱 | 软卧 / 软座 | 二等舱 | 实报 | 实报 |
| 部门经理 | 预申请 | 硬卧 / 硬座 | 三等舱 | 可乘 | 实报 |
| 其余人员 | — | 硬卧 / 硬座 | 三等舱 | 可乘 | 预申请 |

## 三、报销办法

（一）住宿费报销办法

1. 出差人员的住宿费实行限额凭据报销的办法，按实际住宿的天数计算、报销。

2. 出差人员由接待单位接待或住在亲友家的，一律不予报销住宿费。

3. 出差人员住宿费报销原则上按规定标准执行，有新闻媒介采访、会见地方政府官员和知名人士或影响公司整体形象的特殊业务情况，在分管领导允许的前提下，可据实报销。

4. 住宿费标准一般指每天每间，若为同性两人同时出差，按一个房间标准报支，副总以上人员出差，可单独住宿。

（二）伙食补助费报销办法

中午 12 时前离开本市按全天补助；中午 12 时后离开本市按半天补助；中午 12 时前抵达本市按半天补助；中午 12 时后返抵本市按全天补助。

（三）交通费报销办法

1. 旅途中符合乘卧（从晚八时至次日晨七时之间，在车上过夜 6 小时以上或连续乘车时间超过 12 小时）而未乘坐卧铺，特快列车按票价 50%、其他列车按票价 60% 予以补助。订票费、退票费原则上不予报销，如遇特殊情况需书面汇报，报分管领导批准后，方可报销。

2. 对于自带车辆人员，交通费予以取消（乘坐出租车办事需经主管领导同意）。

3. 出差人员原则上不得乘坐出租车，但下列情况除外：

（1）出差目的地偏远，没有公共交通工具的；

（2）携有巨款或重要文件须确保安全的；

（3）收、发货物笨重，搬运困难或时间紧迫的；

（4）陪同重要客人外出的；

（5）执行特殊业务或夜间办事不方便的。

以上情况须请示部门主管同意后方可报销。（注：配车人员一律不报销出租车费）

4. 出差人员应按最简便快捷的线路乘坐车船，不得绕行。出差期间经领导批准顺道回家探亲、办事及非工作需要的参观和游览，其绕线多支付的费用均由个人自理，其间按事假考勤。遇有特殊情况的，如春运无法购票的，在请示主管领导同意后方可报销。

（四）其他

1. 在出差过程中因业务工作需要使用招待费应先征得领导同意，并经领导核准、签署意见后财务部方可审核报销。

2. 出差人员应保留完整车（船）票、住宿发票作为计算费用的依据，对于公司代为订票的，应保留复印件作为审核依据。

## 四、补充规定

1. 两人以上一起出差，在请示主管领导允许后，可就随行高一级人员标准执行。

2. 去往公司办事处的人员，出差途中享受伙食补助费。抵达后食宿由办事处承担，不享受伙食及住宿包干，如因办理业务路途较远，而中途无法返回办事处就餐，可享受伙食补助费，但需持有办事处负责人的签字确认证明。

3. 外出参加会议，会议费用中包括食宿时不再享受食住费用，只享受市内交通费；会议费用中不含食宿时，按前述标准予以补助。

4. 外出学习，伙食补助每天 16 元，其间不享受市内交通费、住宿费包干，途中可享受交通费、伙食补助费。

以上制度自 2017 年 6 月 1 日起执行。

九州华问金属制品有限公司

二〇一七年六月一日

九州华问金属制品有限公司 1101180791686

# 第三部分

# 基础档案

## 一、部门档案

部门档案如表 3–1 所示。

表 3–1

| 部门编码 | 部门名称 | 员工工号 | 部门负责人 | 电话 |
|---|---|---|---|---|
| 01 | 办公室 | 0101 | 王晓华 | 86665646 |
| 02 | 人事部 | 0201 | 杨素芳 | 86665645 |
| 03 | 财务部 | 0301 | 蔡灿权 | 86663915 |
| 04 | 采购部 | 0401 | 田家培 | 88213489 |
| 05 | 销售部 | 0501 | 陈三刚 | 86663959 |
| 06 | 生产部 | 0601 | 曾向明 | 88212016 |
| 0601 | 拉丝车间 | 0602 | 郑彪 | 88212016 |
| 0602 | 编网车间 | 0603 | 徐群 | 88212016 |
| 0603 | 镀锌车间 | 0604 | 魏武 | 88212017 |
| 0604 | 烤漆车间 | 0605 | 马丽霞 | 88212017 |
| 0605 | 工艺车间 | 0606 | 韩灵 | 88132601 |
| 0606 | 机修车间 | 0607 | 王坤 | 88212017 |
| 07 | 技术部 | 0701 | 李裕 | 88213488 |
| 08 | 仓储配送部 | 0801 | 郑学义 | 88212018 |

## 二、客户档案

客户档案如表 3-2 所示。

表 3-2

| 客户编码 | 客户名称 | 地址 | 电话 | 税号 | 开户行 | 账号 |
|---|---|---|---|---|---|---|
| 112201 | 苏州运恒护栏有限公司 | 江苏省苏州市相城区黄桥街道太阳路 655 号 | 0512-67572090 | 9113205005629249YH | 中国建设银行苏州市苏锦分理处 | 3175889236401528984 |
| 112202 | 广州市天邦塑料制品有限公司 | 广东省广州市花都区炭步镇花都大道工业区 | 020-85550901 | 9114401827349397TB | 农村合作银行花都朝阳支行 | 3207052601201000018983 |
| 112203 | 南京莱特金属制品有限公司 | 江苏省南京市浦口区泰西路 24 号 | 025-86623937 | 9113212831986021LT | 中国银行南京市浦口支行 | 433729652018 |
| 112204 | 宁波永盛园林景观材料有限公司 | 宁波市江北区东昌路 43 号 | 400-670-6716 | 9113302057867931YS | 中国农业银行宁波市江北支行 | 60002678493351022 |
| 112205 | 上海百睿塑料制品有限公司 | 上海市嘉定工业区福海路 33 号 | 021-67728731 | 9113101147989300BR | 浦发银行上海嘉定支行营业部 | 10324077582964995 |
| 112206 | 东莞市胜利包装用品有限公司 | 广东省东莞市长安镇咸西铭恩西五路 143 号 | 0769-38996038 | 9114419006924639SL | 中国邮政储蓄银行长安邮政储蓄所 | 411705260123184031 |
| 112207 | 义乌市艺友日用品有限公司 | 浙江省义乌市城西街道西方村 158 号 | 0579-85681193 | 9113019751210377YY | 中国招商银行义乌支行 | 237481918539036 |
| 112208 | 厦门顺新包装有限公司 | 福建省厦门市思明区何厝村 63 号 | 0592-5718242 | 9113502067378974SH | 中国民生银行厦门厦禾支行 | 6329874871827302 |
| 112209 | 深圳市亿高尔体育设施有限公司 | 深圳市龙华和平西路鹏华工业园 1B 栋 | 0755-81758500 | 911440300566704YGE | 中国工商银行龙华支行 | 4391008739527703336 |

## 三、供应商档案

供应商档案如表 3-3 所示。

表 3-3

| 供应商编码 | 供应商名称 | 地址 | 电话 | 税号 | 开户行 | 账号 |
|---|---|---|---|---|---|---|
| 220201 | 广西金成物资有限公司 | 柳州市高新二路 66 号 | 0772-6338258 | 9114502007923568JC | 建行柳铁支行 | 45001623851050600358 |
| 220202 | 杭州三本物资有限公司 | 杭州市江城路 480 号 | 0571-75418283 | 911330100790218４SB | 工行杭州分行高新支行 | 1202026219900059821 |
| 220203 | 湖北威特科工贸有限公司 | 武汉市武昌区紫阳路 83 号 | 027-81803059 | 911420131541073KWT | 建行紫阳路支行 | 42001685108032005026 |
| 220204 | 湖南仲祥商贸有限公司 | 长沙市五一东路 62 号 | 0731-4073925 | 9114301216685790ZX | 中国工商银行五一支行 | 43516724673621342616 |
| 220205 | 江西至强金属物资有限公司 | 南昌市象山南路景田大厦 1028 号 | 0791-87183209 | 9111082546916951ZQ | 交行八一广场支行 | 360220527132003２617 |
| 220206 | 南昌洪奇钢铁物资有限公司 | 南昌市贤士二路 70 号 | 0791-86051281 | 9113601032509248HQ | 工行洪都支行 | 1502206219300035261 |
| 220207 | 上海华宝钢铁股份有限公司 | 上海市宝山区宝杨路 2 号 | 021-60853396 | 9113109816211651HB | 中国建设银行宝山支行 | 31001560100050006685 |
| 220208 | 河南和盛化工有限公司 | 郑州市文化路 68 号 | 0371-69327804 | 9114101035155494HS | 工行市分行营业部 | 4102505327327426721 |
| 220209 | 合肥昌达贸易有限公司 | 合肥市庐江路 66 号 | 0551-38091812 | 9113401035165484CD | 交行许昌支行 | 4150091010180100８8804 |
| 220210 | 南昌国盛物资有限公司 | 南京西路 552 号 | 0791-85936718 | 9113601028648162GS | 建行南京西路营业部 | 3600165267216731688 |
| 220211 | 武汉华晨贸易有限公司 | 江岸区解放大道 1206 号 | 027-82640816 | 9114201117310799HC | 工行丹水池分理处 | 32020019092000238142 |

# 第四部分

# 基础数据

## 一、2019 年 1—11 月科目累计发生额及余额表

2019 年 1—11 月科目累计发生额及余额表如表 4–1 所示。

表 4–1

金额单位：元

| 科目名称 | 方向 | 年初余额 | 累计借方 | 累计贷方 | 期末余额 |
|---|---|---|---|---|---|
| 库存现金（1001） | 借 | 2,000.00 | 2,005,810.89 | 2,001,810.89 | 6,000.00 |
| 银行存款（1002） | 借 | 27,163,500.04 | 49,684,053.70 | 73,294,260.57 | 3,553,293.17 |
| 交行九州市分行营业部（100201） | 借 | 11,380,365.53 | 5,606,594.37 | 15,531,262.33 | 1,455,697.57 |
| 中国工商银行高新支行（100202） | 借 | 15,783,134.51 | 44,077,459.33 | 57,762,998.24 | 2,097,595.60 |
| 应收票据（1121） | 借 | 1,000,000.00 | 13,000,000.00 | 8,200,000.00 | 5,800,000.00 |
| 银行承兑汇票（112101） | 借 | 1,000,000.00 | 13,000,000.00 | 8,200,000.00 | 5,800,000.00 |
| 应收账款（1122） | 借 | 3,859,335.79 | 31,780,640.86 | 29,481,533.78 | 6,158,442.87 |
| 苏州运恒（112201） | 借 | 1,260,876.87 | 9,245,846.87 | 8,442,331.65 | 2,064,392.09 |
| 广州天邦（112202） | 借 | 924,673.16 | 11,430,820.23 | 11,206,258.70 | 1,149,234.69 |
| 宁波永盛（112205） | 借 | — | 2,944,816.09 | — | 2,944,816.09 |
| 厦门顺新（112211） | 借 | 1,673,785.76 | 8,159,157.67 | 9,832,943.43 | — |
| 预付账款（1123） | 借 | 1,667,722.49 | 18,045,468.12 | 17,704,651.88 | 2,008,538.73 |
| 广西金成（112301） | 借 | 813,745.64 | 9,532,147.08 | 8,977,685.43 | 1,368,207.29 |

续表

| 科目名称 | 方向 | 年初余额 | 累计借方 | 累计贷方 | 期末余额 |
|---|---|---|---|---|---|
| 河南和盛（112309） | 借 | 485,507.36 | 8,513,321.04 | 8,726,966.45 | 271,861.95 |
| 合肥昌达（112310） | 借 | 368,469.49 | — | — | 368,469.49 |
| 其他应收款（1221） | 借 | — | 236,527.05 | 236,527.05 | — |
| 应收个人（122101） | 借 | — | 236,527.05 | 236,527.05 | — |
| 坏账准备（1231） | 贷 | 268,547.07 | — | — | 268,547.07 |
| 应收账款（123101） | 贷 | 268,547.07 | — | — | 268,547.07 |
| 原材料（1403） | 借 | 8,063,910.11 | 107,800,319.82 | 107,909,994.18 | 7,954,235.75 |
| 铝镁合金丝（140301） | 借 | 3,211,580.76 | 42,933,196.00 | 42,976,875.56 | 3,167,901.20 |
| 低碳钢盘条（140302） | 借 | 1,378,332.65 | 18,425,887.50 | 18,444,633.71 | 1,359,586.44 |
| 不锈钢丝（140303） | 借 | 2,553,097.52 | 34,130,431.16 | 34,165,154.93 | 2,518,373.75 |
| 油漆（140304） | 借 | 367,141.22 | 4,908,033.45 | 4,913,026.81 | 362,147.86 |
| 锌锭（140305） | 借 | 553,757.96 | 7,402,771.71 | 7,410,303.17 | 546,226.50 |
| 库存商品（1405） | 借 | 4,051,473.19 | 116,733,294.54 | 118,003,157.77 | 2,781,609.96 |
| 烤漆丝（140501） | 借 | 3,011,670.34 | 86,773,917.60 | 87,717,872.86 | 2,067,715.08 |
| 镀锌丝（140502） | 借 | 1,007,443.06 | 29,027,008.76 | 29,342,774.12 | 691,677.70 |
| 六角网（140503） | 借 | 32,359.79 | 932,368.18 | 942,510.79 | 22,217.18 |
| 花瓶（140504） | 借 | — | — | — | — |
| 马（140505） | 借 | — | — | — | — |
| 牛（140506） | 借 | — | — | — | — |
| 固定资产（1601） | 借 | 12,532,893.26 | — | — | 12,532,893.26 |
| 房屋及建筑物（160101） | 借 | 7,502,400.00 | — | — | 7,502,400.00 |
| 机器设备（160102） | 借 | 3,543,865.45 | — | — | 3,543,865.45 |
| 运输设备（160103） | 借 | 1,308,553.81 | — | — | 1,308,553.81 |
| 办公设备（160104） | 借 | 178,074.00 | — | — | 178,074.00 |
| 累计折旧（1602） | 贷 | 5,865,249.96 | — | 958,708.75 | 6,823,958.71 |

续表

| 科目名称 | 方向 | 年初余额 | 累计借方 | 累计贷方 | 期末余额 |
| --- | --- | --- | --- | --- | --- |
| 房屋及建筑物（160201） | 贷 | 3,563,640.00 | — | 326,667.00 | 3,890,307.00 |
| 机器设备（160202） | 贷 | 1,674,507.23 | — | 308,611.71 | 1,983,118.94 |
| 运输设备（160203） | 贷 | 545,905.69 | — | 271,739.06 | 817,644.75 |
| 办公设备（160204） | 贷 | 81,197.04 | — | 51,690.98 | 132,888.02 |
| 在建工程（1604） | 借 | — | 17,879,581.09 | — | 17,879,581.09 |
| 新建办公大楼工程（160401） | 借 | — | 12,580,745.01 | — | 12,580,745.01 |
| 新建三号厂房工程（160402） | 借 | — | 5,298,836.08 | — | 5,298,836.08 |
| 短期借款（2001） | 贷 | 5,000,000.00 | 5,000,000.00 | — | — |
| 应付票据（2201） | 贷 | — | 12,000,000.00 | 12,000,000.00 | — |
| 银行承兑汇票（220101） | 贷 | — | 12,000,000.00 | 12,000,000.00 | — |
| 应付账款（2202） | 贷 | 4,883,818.13 | 41,576,507.86 | 39,047,615.44 | 2,354,925.71 |
| 湖北威特（220204） | 贷 | 803,672.54 | 4,707,816.96 | 3,904,144.42 | — |
| 湖南仲祥（220205） | 贷 | 1,057,934.83 | 9,246,443.76 | 8,867,705.94 | 679,197.01 |
| 江西至强（220206） | 贷 | — | 4,104,367.61 | 4,722,804.65 | 618,437.04 |
| 南昌洪奇（220207） | 贷 | 562,269.35 | 9,048,789.56 | 9,255,767.82 | 769,247.61 |
| 上海华宝（220208） | 贷 | 1,804,986.83 | 8,045,613.79 | 6,240,626.96 | — |
| 南昌国盛（220211） | 贷 | 654,954.58 | 6,423,476.18 | 6,056,565.65 | 288,044.05 |
| 预收账款（2203） | 贷 | 2,531,029.87 | 15,171,569.04 | 14,085,681.55 | 1,445,142.38 |
| 上海百睿（220307） | 贷 | 754,244.68 | 6,461,579.73 | 6,061,899.39 | 354,564.34 |
| 东莞胜利（220309） | 贷 |  | 2,012,567.34 | 2,556,080.79 | 543,513.45 |
| 厦门顺新（220311） | 贷 | 1,087,346.86 | 3,045,678.18 | 2,107,698.09 | 149,366.77 |
| 深圳亿高尔（220312） | 贷 |  | 1,459,715.35 | 1,857,413.17 | 397,697.82 |
| 义乌艺友（220313） | 贷 | 689,438.33 | 2,192,028.44 | 1,502,590.11 |  |
| 应付职工薪酬（2211） | 贷 | 366,532.37 | 4,481,143.35 | 4,533,876.78 | 419,265.80 |
| 工资奖金（221101） | 贷 | 195,209.89 | 2,837,295.10 | 2,856,677.11 | 214,591.90 |

续表

| 科目名称 | 方向 | 年初余额 | 累计借方 | 累计贷方 | 期末余额 |
|---|---|---|---|---|---|
| 职工福利费 (221102) | 贷 | — | 363,418.78 | 363,418.78 | — |
| 社会保险费 (221103) | 贷 | 112,060.08 | 972,412.87 | 942,412.87 | 82,060.08 |
| 基本养老保险 (22110301) | 贷 | 85,446.00 | 657,035.73 | 627,035.73 | 55,446.00 |
| 基本医疗保险 (22110302) | 贷 | 16,633.80 | 197,110.71 | 197,110.71 | 16,633.80 |
| 失业保险 (22110303) | 贷 | 5,544.60 | 65,703.57 | 65,703.57 | 5,544.60 |
| 工伤保险 (22110304) | 贷 | 2,217.84 | 26,281.43 | 26,281.43 | 2,217.84 |
| 生育保险 (22110305) | 贷 | 2,217.84 | 26,281.43 | 26,281.43 | 2,217.84 |
| 住房公积金 (221104) | 贷 | 22,178.40 | 262,814.29 | 262,814.29 | 22,178.40 |
| 工会经费 (221105) | 贷 | 13,596.25 | 12,483.61 | 57,133.54 | 58,246.18 |
| 教育经费 (221106) | 贷 | 23,487.75 | 32,718.70 | 51,420.19 | 42,189.24 |
| 应交税费 (2221) | 贷 | -1,684,710.88 | 24,421,806.09 | 27,460,524.09 | 1,354,007.12 |
| 应交增值税 (222101) | 贷 | -1,773,529.32 | 22,112,209.25 | 23,885,738.57 | — |
| 进项税额 (22210101) | 贷 | 18,326,054.37 | 18,326,054.37 | — | — |
| 已交税金 (22210102) | 贷 | 3,786,154.88 | 3,786,154.88 | — | — |
| 销项税额 (22210103) | 贷 | -23,885,738.57 | — | 23,885,738.57 | — |
| 转出未交增值税 (22210104) | 贷 | — | — | — | — |
| 未交增值税 (222102) | 贷 | — | — | 1,208,681.55 | 1,208,681.55 |
| 应交城市维护建设税 (222103) | 贷 | — | 293,217.36 | 377,825.07 | 84,607.71 |
| 教育费附加 (222104) | 贷 | — | 125,664.58 | 161,925.03 | 36,260.45 |
| 地方教育附加 (222105) | 贷 | — | 837,776.39 | 861,950.02 | 24,173.63 |
| 应交个人所得税 (222106) | 贷 | 857.02 | 2,751.88 | 2,178.64 | 283.78 |
| 应交企业所得税 (222107) | 贷 | 87,961.42 | 1,050,186.63 | 962,225.21 | — |
| 其他应付款 (2241) | 贷 | 52,673.70 | 612,183.94 | 612,183.94 | 52,673.70 |
| 应付代扣个人三险一金 (224101) | 贷 | 52,673.70 | 612,183.94 | 612,183.94 | 52,673.70 |
| 养老保险 (22410101) | 贷 | 22,178.40 | 250,814.29 | 250,814.29 | 22,178.40 |

续表

| 科目名称 | 方向 | 年初余额 | 累计借方 | 累计贷方 | 期末余额 |
| --- | --- | --- | --- | --- | --- |
| 医疗保险（22410102） | 贷 | 5,544.60 | 65,703.57 | 65,703.57 | 5,544.60 |
| 失业保险（22410103） | 贷 | 2,772.30 | 32,851.79 | 32,851.79 | 2,772.30 |
| 住房公积金（22410104） | 贷 | 22,178.40 | 262,814.29 | 262,814.29 | 22,178.40 |
| 实收资本 (4001) | 贷 | 40,000,000.00 | — | — | 40,000,000.00 |
| 华问集团有限公司 (400101) | 贷 | 20,000,000.00 | — | — | 20,000,000.00 |
| 江西威特科技有限公司 (400102) | 贷 | 15,000,000.00 | — | — | 15,000,000.00 |
| 王晓华 (400103) | 贷 | 5,000,000.00 | — | — | 5,000,000.00 |
| 盈余公积 (4101) | 贷 | — | — | — | — |
| 法定盈余公积 (410101) | 贷 | — | — | — | — |
| 任意盈余公积 (410102) | 贷 | — | — | — | — |
| 本年利润 (4103) | 贷 | — | 135,751,572.51 | 140,649,952.19 | 4,898,379.68 |
| 利润分配 (4104) | 贷 | 1,057,694.66 | — | — | 1,057,694.66 |
| 提取法定盈余公积 (410401) | 贷 | — | — | — | — |
| 提取任意盈余公积 (410402) | 贷 | — | — | — | — |
| 应付现金股利 (410403) | 贷 | — | — | — | — |
| 未分配利润 (410404) | 贷 | 1,057,694.66 | — | — | 1,057,694.66 |
| 生产成本 (5001) | 借 | — | — | — | — |
| 原材料 (500101) | 借 | — | — | — | — |
| 人工成本 (500102) | 借 | — | — | — | — |
| 制造费用 (500103) | 借 | — | — | — | — |
| 制造费用 (5101) | 借 | — | — | — | — |
| 人工成本 (510101) | 借 | — | — | — | — |
| 水电费 (510102) | 借 | — | — | — | — |
| 差旅费 (510103) | 借 | — | — | — | — |
| 折旧 (510104) | 借 | — | — | — | — |

续表

| 科目名称 | 方向 | 年初余额 | 累计借方 | 累计贷方 | 期末余额 |
| --- | --- | --- | --- | --- | --- |
| 主营业务收入 (6001) | 贷 | — | 140,649,952.19 | 140,649,952.19 | — |
| 营业外收入 (6301) | 贷 | — | — | — | — |
| 主营业务成本 (6401) | 借 | — | 130,400,991.46 | 130,400,991.46 | — |
| 税金及附加 (6403) | 借 | — | 1,401,700.12 | 1,401,700.12 | — |
| 销售费用 (6601) | 借 | — | 721,654.69 | 721,654.69 | — |
| 人工成本 (660101) | 借 | — | 721,654.69 | 721,654.69 | — |
| 仓储费 (660102) | 借 | — | — | — | — |
| 运杂费 (660103) | 借 | — | — | — | — |
| 差旅费 (660104) | 借 | — | — | — | — |
| 广告费 (660105) | 借 | — | — | — | — |
| 招待费 (660106) | 借 | — | — | — | — |
| 装卸费 (660107) | 借 | — | — | — | — |
| 会务费 (660108) | 借 | — | — | — | — |
| 折旧 (660109) | 借 | — | — | — | — |
| 其他 (660120) | 借 | — | — | — | — |
| 管理费用 (6602) | 借 | — | 1,993,393.38 | 1,993,393.38 | — |
| 人工成本 (660201) | 借 | — | 1,993,393.38 | 1,993,393.38 | — |
| 水电费 (660202) | 借 | — | — | — | — |
| 招待费 (660203) | 借 | — | — | — | — |
| 电话费 (660204) | 借 | — | — | — | — |
| 办公费 (660205) | 借 | — | — | — | — |
| 差旅费 (660206) | 借 | — | — | — | — |
| 会务费 (660207) | 借 | — | — | — | — |
| 折旧 (660208) | 借 | — | — | — | — |
| 保险费 (660209) | 借 | — | — | — | — |

续表

| 科目名称 | 方向 | 年初余额 | 累计借方 | 累计贷方 | 期末余额 |
|---|---|---|---|---|---|
| 研发费（660210） | 借 | — | — | — | — |
| 福利费（660211） | 借 | — | — | — | — |
| 其他（660220） | 借 | — | — | — | — |
| 财务费用（6603） | 借 | — | 373,242.93 | 373,242.93 | — |
| 手续费及佣金（660301） | 借 | — | 373,242.93 | 373,242.93 | — |
| 利息收入（660302） | 借 | — | — | — | — |
| 利息支出（660303） | 借 | — | — | — | — |
| 营业外支出（6711） | 借 | — | 100,000.00 | 100,000.00 | — |
| 所得税费用（6801） | 借 | — | 760,589.93 | 760,589.93 | — |

## 二、往来款项明细余额及账龄分析表

往来款项明细余额及账龄分析表如表 4-2 至表 4-5 所示。

**表 4-2　应收账款账龄分析明细表**

单位名称：九州华问金属制品有限公司　　2019 年 11 月 30 日　　金额单位：元

| 行次 | 项目 | 年初余额 | 期末余额 | 账龄 | | | | | | 3 年以上账龄原因 |
|---|---|---|---|---|---|---|---|---|---|---|
| | | | | 1 年以内 | ＞1～2 年 | ＞2～3 年 | ＞3～4 年 | ＞4～5 年 | 5 年以上 | |
| 1 | 一、应收账款原值 | 3,859,335.79 | 6,158,442.87 | 5,233,769.71 | 924,673.16 | | | | | |
| 2 | 其中：坏账准备 | 268,547.07 | 268,547.07 | 176,079.76 | 92,467.31 | | | | | |
| 3 | 应收账款净值 | 3,590,788.72 | 5,889,895.80 | 5,057,689.95 | 832,205.85 | | | | | |
| 4 | 二、明细科目 | 3,859,335.79 | 6,158,442.87 | 5,233,769.71 | 924,673.16 | | | | | |
| 5 | 1. 华问集团有限公司外部 | 3,859,335.79 | 6,158,442.87 | 5,233,769.71 | 924,673.16 | | | | | |
| 6 | 苏州运恒 | 1,260,876.87 | 2,064,392.09 | 2,064,392.09 | | | | | | |
| 7 | 广州天邦 | 924,673.16 | 1,149,234.69 | 224,561.53 | 924,673.16 | | | | | |
| 8 | 宁波永盛 | | 2,944,816.09 | 2,944,816.09 | | | | | | |
| 9 | 厦门顺新 | 1,673,785.76 | | | | | | | | |
| 10 | | | | | | | | | | |
| 11 | 2. 华问集团有限公司内部 | | | | | | | | | |
| 12 | | | | | | | | | | |
| 13 | | | | | | | | | | |
| 14 | | | | | | | | | | |

财务主管　　复核　　制表

编制说明：坏账准备余额在编制期中报表时一般不发生变动，只有在收回前期报损的坏账时发生变动。

## 表 4–3　预付账款账龄分析明细表

单位名称：九州华问金属制品有限公司　　　　2019 年 11 月 30 日　　　　金额单位：元

| 行次 | 项目 | 年初余额 | 期末余额 | 账龄 | | | | | | 3 年以上账龄原因及采取措施 |
|---|---|---|---|---|---|---|---|---|---|---|
| | | | | 1 年以内 | 1～2 年 | ＞2～3 年 | ＞3～4 年 | ＞4～5 年 | 5 年以上 | |
| 1 | 一、预付账款（资产负债表数） | 1,667,722.49 | 2,008,538.73 | 2,008,538.73 | | | | | | |
| 2 | 二、明细科目 | 1,667,722.49 | 2,008,538.73 | 2,008,538.73 | | | | | | |
| 3 | 1. 华问集团有限公司外部 | 1,667,722.49 | 2,008,538.73 | 2,008,538.73 | | | | | | |
| 4 | 广西金成 | 813,745.64 | 1,368,207.29 | 1,368,207.29 | | | | | | |
| 5 | 合肥昌达 | 368,469.49 | 368,469.49 | 368,469.49 | | | | | | |
| 6 | 河南和盛 | 485,507.36 | 271,861.95 | 271,861.95 | | | | | | |
| 7 | | | | | | | | | | |
| 8 | | | | | | | | | | |
| 9 | | | | | | | | | | |
| 10 | | | | | | | | | | |
| 11 | | | | | | | | | | |
| 12 | 2. 华问集团有限公司内部 | | | | | | | | | |
| 13 | | | | | | | | | | |

财务主管　　　　复核　　　　制表

## 表 4-4 应付账款账龄分析明细表

单位名称：九州华问金属制品有限公司　　2019 年 11 月 30 日　　金额单位：元

| 行次 | 项目 | 年初余额 | 期末余额 | 账龄 | | | | | | 3 年以上账龄原因及采取措施 |
|---|---|---|---|---|---|---|---|---|---|---|
| | | | | 1 年以内 | ＞1～2 年 | ＞2～3 年 | ＞3～4 年 | ＞4～5 年 | 5 年以上 | |
| 1 | 一、应付账款（资产负债表数） | 4,883,818.13 | 2,354,925.71 | 2,354,925.71 | | | | | | |
| 2 | 二、明细科目 | 4,883,818.13 | 2,354,925.71 | 2,354,925.71 | | | | | | |
| 3 | 1. 华问集团有限公司外部 | 4,883,818.13 | 2,354,925.71 | 2,354,925.71 | | | | | | |
| 4 | 湖南仲祥 | 1,057,934.83 | 679,197.01 | 679,197.01 | | | | | | |
| 5 | 江西至强 | | 618,437.04 | 618,437.04 | | | | | | |
| 6 | 南昌国盛 | 654,954.58 | 288,044.05 | 288,044.05 | | | | | | |
| 7 | 南昌洪奇 | 562,269.35 | 769,247.61 | 769,247.61 | | | | | | |
| 8 | 上海华宝 | 1,804,986.83 | | | | | | | | |
| 9 | 湖北威特 | 803,672.54 | | | | | | | | |
| 10 | 2. 华问集团有限公司内部 | | | | | | | | | |
| 11 | | | | | | | | | | |
| 12 | | | | | | | | | | |

财务主管　　复核　　制表

编制说明：坏账准备余额在编制期中报表时一般不发生变动，只有在收回前期报损的坏账时发生变动。

## 表 4-5　预收账款账龄分析明细表

单位名称：九州华问金属制品有限公司　　2019 年 11 月 30 日　　金额单位：元

| 行次 | 项目 | 年初余额 | 期末余额 | 账龄 | | | | | | 3 年以上账龄原因及采取措施 |
|---|---|---|---|---|---|---|---|---|---|---|
| | | | | 1 年以内 | 1～2 年 | ＞2～3 年 | ＞3～4 年 | ＞4～5 年 | 5 年以上 | |
| 1 | 一、预收账款（资产负债表数） | 2,531,029.87 | 1,445,142.38 | 1,445,142.38 | | | | | | |
| 2 | 二、明细科目 | 2,531,029.87 | 1,445,142.38 | 1,445,142.38 | | | | | | |
| 3 | 1. 华问集团有限公司外部 | 2,531,029.87 | 1,445,142.38 | 1,445,142.38 | | | | | | |
| 4 | 上海百睿 | 754,244.68 | 354,564.34 | 354,564.34 | | | | | | |
| 5 | 东莞胜利 | | 543,513.45 | 543,513.45 | | | | | | |
| 6 | 厦门顺新 | 1,087,346.86 | 149,366.77 | 149,366.77 | | | | | | |
| 7 | 深圳亿高尔 | | 397,697.82 | 397,697.82 | | | | | | |
| 8 | 义乌艺友 | 689,438.33 | | | | | | | | |
| 9 | | | | | | | | | | |
| 10 | | | | | | | | | | |
| 11 | 2. 华问集团有限公司内部 | | | | | | | | | |
| 12 | | | | | | | | | | |
| 13 | | | | | | | | | | |
| 14 | | | | | | | | | | |

财务主管　　复核　　制表

编制说明：坏账准备余额在编制期中报表时一般不发生变动，只有在收回前期报损的坏账时发生变动。

## 三、固定资产情况汇总表

固定资产情况汇总表如表 4–6 所示。

**表 4–6 固定资产情况明细表**

制表日期：2019 年 11 月 30 日

| 类别 | 固定资产名称 | 厂商 | 规格型号 | 使用部门 | 购置日期 | 数量 | 使用年限 | 残值率 | 账面原值 / 元 | 年初已提折旧 / 元 | 月折旧额 / 元 | 月折旧率 |
|---|---|---|---|---|---|---|---|---|---|---|---|---|
| 房屋及建筑物 | 办公楼 | | 1800 平方米 | 公司总部 | 2008 年 12 月 7 日 | 1 | 20 | 5% | 1,656,000.00 | 786,600.00 | 6,555.00 | 0.39583% |
| | 车间一号厂房 | | 3000 平方米 | 镀锌车间、烤漆车间 | 2008 年 12 月 6 日 | 1 | 20 | 5% | 2,186,400.00 | 1,038,540.00 | 8,654.50 | 0.39583% |
| | 车间二号厂房 | | 5000 平方米 | 拉丝车间、编网车间 | 2008 年 12 月 6 日 | 1 | 20 | 5% | 3,660,000.00 | 1,738,500.00 | 14,487.50 | 0.39583% |
| 小计 | | | | | | | | | 7,502,400.00 | 3,563,640.00 | 29,697.00 | |
| 机器设备 | 窗纱网机 | | | 编网车间 | 2013 年 6 月 13 日 | 10 | 10 | 5% | 872,359.22 | 455,807.88 | 6,906.18 | 0.7917% |
| | 轧花网机 | | | 编网车间 | 2013 年 6 月 30 日 | 10 | 10 | 5% | 285,105.84 | 148,967.94 | 2,257.09 | 0.7917% |
| | 刺绳机 | | | 编网车间 | 2015 年 1 月 6 日 | 2 | 10 | 5% | 190,422.63 | 70,852.97 | 1,507.51 | 0.7917% |
| | 烤漆生产线 | | | 烤漆车间 | 2013 年 6 月 12 日 | 1 | 10 | 5% | 679,203.62 | 354,883.98 | 5,377.03 | 0.7917% |
| | 卧式集成四连拔轧两用生产线 | | | 拉丝车间 | 2013 年 6 月 13 日 | 1 | 10 | 5% | 529,381.82 | 276,602.04 | 4,190.94 | 0.7917% |
| | 直线式全自动电镀生产线 | | | 镀锌车间 | 2015 年 1 月 6 日 | 1 | 10 | 5% | 987,392.32 | 367,392.42 | 7,816.86 | 0.7917% |
| 小计 | | | | | | | | | 3,543,865.45 | 1,674,507.23 | 28,055.61 | |
| 运输设备 | 越野车 | 美国通用 | 雪佛兰 | 公司总部 | 2018 年 6 月 16 日 | 1 | 4 | 5% | 290,371.93 | 34,481.64 | 5,746.94 | 1.97917% |
| | 小轿车 | 上海大众 | 帕萨特 | 公司总部 | 2017 年 10 月 22 日 | 1 | 4 | 5% | 216,921.00 | 60,105.22 | 4,293.23 | 1.97917% |
| | 商务车 | 美国通用 | 别克 | 销售部 | 2017 年 3 月 15 日 | 1 | 4 | 5% | 469,205.62 | 195,013.56 | 9,286.36 | 1.97917% |
| | 东风货车 | 东风汽车 | 康明斯 | 销售部 | 2015 年 9 月 19 日 | 1 | 4 | 5% | 332,055.26 | 256,305.27 | 6,571.93 | 1.97917% |
| 小计 | | | | | | | | | 1,308,553.81 | 545,905.69 | 25,898.46 | |
| 办公设备 | 电脑 | 联想 | | 公司总部 | 2017 年 3 月 15 日 | 20 | 3 | 5% | 62,462.00 | 34,614.30 | 1,648.30 | 2.63889% |
| | 打印机 | 惠普 | | 公司总部 | 2017 年 3 月 15 日 | 10 | 3 | 5% | 25,626.00 | 14,201.04 | 676.24 | 2.63889% |
| | 空调 | 格力 | | 公司总部 | 2017 年 12 月 8 日 | 20 | 3 | 5% | 73,624.00 | 23,314.32 | 1,942.86 | 2.63889% |
| | 复印机 | 佳能 | | 公司总部 | 2017 年 3 月 15 日 | 2 | 3 | 5% | 16,362.00 | 9,067.38 | 431.78 | 2.63889% |
| 小计 | | | | | | | | | 178,074.00 | 81,197.04 | 4,699.18 | |
| 合　计 | | | | | | | | | 12,532,893.26 | 5,865,249.96 | 88,350.25 | |

## 四、原材料及产成品2019年11月末结存表

原材料及产成品2019年11月结存表如表4-7所示。

表4-7

| 仓库编码 | 仓库名称 | 编码 | 存货名称 | 型号 | 规格 | 计量单位 | 数量 | 金额/元 |
|---|---|---|---|---|---|---|---|---|
| 201 | 原料库 | 201001 | 铝镁合金丝 | Φ0.1 | | 吨 | 59.383 | 406,547.30 |
| 201 | 原料库 | 201002 | 铝镁合金丝 | Φ0.2 | | 吨 | 100.256 | 660,501.56 |
| 201 | 原料库 | 201003 | 铝镁合金丝 | Φ0.3 | | 吨 | 124.875 | 810,449.98 |
| 201 | 原料库 | 201004 | 铝镁合金丝 | Φ0.4 | | 吨 | 56.706 | 361,217.22 |
| 201 | 原料库 | 201005 | 铝镁合金丝 | Φ0.5 | | 吨 | 93.711 | 585,690.00 |
| 201 | 原料库 | 201006 | 铝镁合金丝 | Φ0.6 | | 吨 | 55.936 | 343,495.14 |
| 201 | 原料库 | 202001 | 低碳钢盘条 | Φ6 | | 吨 | 101.347 | 450,418.49 |
| 201 | 原料库 | 202002 | 低碳钢盘条 | Φ8 | | 吨 | 102.468 | 446,067.79 |
| 201 | 原料库 | 202003 | 低碳钢盘条 | Φ12 | | 吨 | 110.700 | 463,100.16 |
| 201 | 原料库 | 203001 | 不锈钢丝 | Φ2.0 | | 吨 | 86.439 | 516,030.45 |
| 201 | 原料库 | 203002 | 不锈钢丝 | Φ2.5 | | 吨 | 58.557 | 342,463.00 |
| 201 | 原料库 | 203003 | 不锈钢丝 | Φ3.0 | | 吨 | 46.612 | 267,364.56 |
| 201 | 原料库 | 203004 | 不锈钢丝 | Φ3.5 | | 吨 | 124.864 | 705,214.39 |
| 201 | 原料库 | 203005 | 不锈钢丝 | Φ4.0 | | 吨 | 123.697 | 687,301.35 |
| 201 | 原料库 | 204001 | 油漆 | 草绿色 | | 升 | 1251.966 | 53,271.15 |
| 201 | 原料库 | 204002 | 油漆 | 墨绿色 | | 升 | 1409.200 | 51,717.64 |
| 201 | 原料库 | 204003 | 油漆 | 白色 | | 升 | 1012.050 | 50,491.17 |
| 201 | 原料库 | 204004 | 油漆 | 蓝色 | | 升 | 2455.950 | 115,871.72 |
| 201 | 原料库 | 204005 | 油漆 | 红色 | | 升 | 1948.416 | 90,796.18 |
| 201 | 原料库 | 205001 | 锌锭 | 0# | | 吨 | 32.132 | 401,650.00 |
| 201 | 原料库 | 205002 | 锌锭 | 1# | | 吨 | 11.650 | 144,576.50 |
| 10101 | 普通库 | 101001 | 烤漆丝 | Φ0.1 | | 吨 | 58.870 | 423,218.02 |
| 10101 | 普通库 | 101002 | 烤漆丝 | Φ0.2 | | 吨 | 79.258 | 569,759.13 |
| 10101 | 普通库 | 101003 | 烤漆丝 | Φ0.3 | | 吨 | 55.940 | 402,118.21 |
| 10101 | 普通库 | 101004 | 烤漆丝 | Φ0.4 | | 吨 | 12.240 | 87,972.12 |
| 10101 | 普通库 | 101005 | 烤漆丝 | Φ0.5 | | 吨 | 33.824 | 243,132.89 |
| 10101 | 普通库 | 101006 | 烤漆丝 | Φ0.6 | | 吨 | 47.510 | 341,514.71 |
| 10101 | 普通库 | 102001 | 镀锌丝 | Φ2.2 | | 吨 | 63.030 | 327,279.88 |
| 10101 | 普通库 | 102002 | 镀锌丝 | Φ2.5 | | 吨 | — | — |
| 10101 | 普通库 | 102003 | 镀锌丝 | Φ2.7 | | 吨 | 70.170 | 364,397.82 |
| 10101 | 普通库 | 103001 | 六角网 | Φ2.0 | 6×8 | 平方米 | 1310.880 | 6,402.16 |
| 10101 | 普通库 | 103002 | 六角网 | Φ2.5 | 7×9 | 平方米 | 622.560 | 3,040.50 |
| 10101 | 普通库 | 103003 | 六角网 | Φ3.0 | 8×10 | 平方米 | 614.240 | 2,999.86 |
| 10101 | 普通库 | 103004 | 六角网 | Φ3.5 | 9×11 | 平方米 | 165.530 | 808.41 |
| 10101 | 普通库 | 103005 | 六角网 | Φ4.0 | 10×12 | 平方米 | 1835.890 | 8,966.25 |
| 10102 | 网店库 | 104001 | 花瓶 | | | 个 | — | — |
| 10102 | 网店库 | 104002 | 马 | | | 个 | — | — |
| 10102 | 网店库 | 104003 | 牛 | | | 个 | — | — |

# 第五部分

# 经济业务原始单据及操作指南

12 月份经济业务如表 5–1 所示。

表 5–1

| 业务日期 | 凭证号 | 凭证总金额／元 | 业务说明 | 附件明细 | |
|---|---|---|---|---|---|
| | | | | 票据 | 金额／元 |
| 2019-12-02 | 记 -0001 | 20,000,000.00 | 收到投资款 | 交行－回执单－王晓华 | 2,500,000.00 |
| | | | | 交行－回执单－江西威特科技有限公司 | 7,500,000.00 |
| | | | | 交行－回执单－华问集团有限公司 | 10,000,000.00 |
| 2019-12-02 | 记 -0002 | 1,162,927.10 | 03085528# 江西至强／采购材料 | 采购入库单 13121001# | 1,029,139.03 |
| | | | | 采购专用发票 03085528# | 1,162,927.10 |
| 2019-12-02 | 记 -0003 | 398,970.00 | 证券营业部开户并存入资金 | 证券公司开户申请单 | — |
| | | | | 交行－结算业务申请书 38604866# | 398,970.00 |
| 2019-12-02 | 记 -0004 | 398,970.00 | 为赚取差价在二级市场购买股票（上月已宣告未发放股利，每股 0.3 元） | 证券交易合并成交报告单 | 398,970.00 |
| 2019-12-03 | 记 -0005 | 2,957.43 | 支付及分摊水费 | 工行－付款单－九州水业集团有限公司 | 2,957.43 |
| | | | | 增值税专用发票 00323184# | 2,957.43 |
| | | | | 自制－水费分摊明细表 | — |
| 2019-12-03 | 记 -0006 | 8,280,687.68 | 02219299# 上海华宝／采购材料 | 采购入库单 13121002# | 7,328,042.18 |
| | | | | 采购专用发票 02219299# | 8,280,687.68 |
| 2019-12-04 | 记 -0007 | 1,937,720.44 | 02222578# 杭州三本／采购材料 | 采购入库单 13121003# | 1,714,796.84 |
| | | | | 采购专用发票 02222578# | 1,937,720.44 |
| 2019-12-05 | 记 -0008 | 88,020.50 | 支付及分摊电费 | 工行－付款单－国家电网九州供电总公司 | 88,020.50 |
| | | | | 增值税专用发票 01020971# | 88,020.50 |
| | | | | 自制－电费分摊明细表 | — |

续表

| 业务日期 | 凭证号 | 凭证总金额／元 | 业务说明 | 附件明细 | |
|---|---|---|---|---|---|
| | | | | 票据 | 金额／元 |
| 2019-12-05 | 记-0009 | 4,000.00 | 支付审计、验资费 | 交行－现金支票存根 00211505# | 4,000.00 |
| | | | | 增值税普通发票 00806419# | 4,000.00 |
| 2019-12-05 | 记-0010 | 214,591.90 | 支付 11 月份工资 | 交行－回执单 | 214,591.90 |
| 2019-12-05 | 记-0011 | 108,119.70 | 支付养老保险、医疗保险、失业保险 | 社会保险费用缴款专用收据 | 108,119.70 |
| 2019-12-05 | 记-0012 | 4,435.68 | 支付工伤保险、生育保险 | 附件见记 0011# | 4,435.68 |
| 2019-12-05 | 记-0013 | 44,356.80 | 支付住房公积金 | 交行－回执单－高新区住房公积金管理中心 | 44,356.80 |
| 2019-12-06 | 记-0014 | 2,390.00 | 支付电话费 | 增值税电子普通发票 31433466# | 950.00 |
| | | | | 增值税电子普通发票 31433467# | 290.00 |
| | | | | 增值税电子普通发票 31433468# | 1,150.00 |
| 2019-12-08 | 记-0015 | 1,126,993.42 | 支付江西至强货款 | 工行－付款单－江西至强金属物资有限公司 | 1,126,993.42 |
| 2019-12-09 | 记-0016 | 2,400.00 | 支付委托办理企业资本变更费 | 增值税普通发票 54287119# | 2,400.00 |
| 2019-12-09 | 记-0017 | 8,000.00 | 提取备用金 | 交行－现金支票存根 00201420# | 8,000.00 |
| 2019-12-09 | 记-0018 | 1,880.00 | 支付广告费 | 增值税普通发票 10806435# | 1,880.00 |
| 2019-12-09 | 记-0019 | 2,380.00 | 支付王晓华差旅费 | 差旅费报销单－王晓华 | 2,380.00 |
| 2019-12-09 | 记-0020 | 1,118.00 | 支付陈三刚差旅费 | 差旅费报销单－陈三刚 | 1,118.00 |
| 2019-12-09 | 记-0021 | 1,208,681.55 | 缴纳增值税 | 税收通用缴款书 02682082# | 1,208,681.55 |
| | | | | 电子缴款凭证 | 1,208,681.55 |
| 2019-12-12 | 记-0022 | 145,325.57 | 支付城市维护建设税、教育费附加、地方教育附加、个人所得税 | 交行－电子缴税付款凭证 02520954# | 145,325.57 |
| | | | | 电子缴款凭证 | 145,325.57 |
| 2019-12-12 | 记-0023 | 2,000,000.00 | 06812598# 银行承兑汇票背书 | 银行承兑汇票 06812598# | 2,000,000.00 |
| 2019-12-12 | 记-0024 | 1,800,000.00 | 08576119# 银行承兑汇票背书 | 银行承兑汇票 08576119# | 1,800,000.00 |
| 2019-12-16 | 记-0025 | 363,800.00 | 收到财政奖励款 | 财政资金支付凭证 00106256# | 363,800.00 |
| 2019-12-16 | 记-0026 | 3,000.00 | 支付编网车间设备修理费 | 交行－现金支票存根 00211507# | 3,000.00 |
| | | | | 增值税普通发票 00080394# | 3,000.00 |
| 2019-12-17 | 记-0027 | 812,554.38 | 支付上海华宝货款 | 工行－付款单－上海华宝钢铁股份有限公司 | 812,554.38 |
| 2019-12-18 | 记-0028 | 4,111,597.78 | 02086130# 南京莱特／销售商品 | 销售发货单 13126001# | 4,111,597.78 |
| | | | | 销售专用发票 02086130# | 4,111,597.78 |
| 2019-12-18 | 记-0029 | 3,791,576.05 | 收到南京莱特货款 | 工行－收款单－南京莱特金属制品有限公司 | 3,791,576.05 |
| 2019-12-18 | 记-0030 | 4,695.00 | 支付发南京莱特货物运费 | 交行－转账支票存根 00211508# | 4,695.00 |
| | | | | 交行－进账单－九州佳吉快运有限公司 | 4,695.00 |
| | | | | 增值税专用发票 00643816# | 4,695.00 |
| 2019-12-19 | 记-0031 | 5,088.50 | 支付职工曹丽萍住院费 | 交行－现金支票存根 00201421# | 5,088.50 |
| | | | | 医院结算收据 02566345# | 5,088.50 |
| 2019-12-19 | 记-0032 | 5,088.50 | 计提职工福利费 | — | 5,088.50 |
| 2019-12-19 | 记-0033 | 1,000,000.00 | 08576184# 银行承兑汇票背书 | 银行承兑汇票 08576184# | 1,000,000.00 |

续表

<table>
<tr><th rowspan="2">业务日期</th><th rowspan="2">凭证号</th><th rowspan="2">凭证总金额/元</th><th rowspan="2">业务说明</th><th colspan="2">附件明细</th></tr>
<tr><th>票据</th><th>金额/元</th></tr>
<tr><td rowspan="2">2019-12-20</td><td rowspan="2">记-0034</td><td rowspan="2">4,000,000.00</td><td rowspan="2">倒户</td><td>工行-付款单</td><td>4,000,000.00</td></tr>
<tr><td>交行-回执单</td><td>4,000,000.00</td></tr>
<tr><td rowspan="3">2019-12-20</td><td rowspan="3">记-0035</td><td rowspan="3">1,000,000.00</td><td rowspan="3">01525534#银行承兑汇票到期收款</td><td>银行承兑汇票01525534#</td><td>1,000,000.00</td></tr>
<tr><td>交行-托收凭证</td><td>1,000,000.00</td></tr>
<tr><td>交行-回执单</td><td>1,000,000.00</td></tr>
<tr><td>2019-12-20</td><td>记-0036</td><td>1,066,292.64</td><td>支付上海华宝货款</td><td>交行-结算业务申请书38604901#</td><td>1,066,292.64</td></tr>
<tr><td>2019-12-20</td><td>记-0037</td><td>102.00</td><td>支付电汇手续费</td><td>交行-付款通知书</td><td>102.00</td></tr>
<tr><td rowspan="2">2019-12-20</td><td rowspan="2">记-0038</td><td rowspan="2">50,000.00</td><td rowspan="2">支付公益捐款</td><td>交行-现金支票存根00211509#</td><td>50,000.00</td></tr>
<tr><td>公益事业捐赠专用收据</td><td>50,000.00</td></tr>
<tr><td rowspan="2">2019-12-25</td><td rowspan="2">记-0039</td><td rowspan="2">2,292,796.78</td><td rowspan="2">02086131#宁波永盛/销售商品</td><td>销售发货单13126002#</td><td>2,292,796.78</td></tr>
<tr><td>销售专用发票02086131#</td><td>2,292,796.78</td></tr>
<tr><td rowspan="3">2019-12-25</td><td rowspan="3">记-0040</td><td rowspan="3">17,113.76</td><td rowspan="3">支付发宁波永盛货物运费</td><td>交行-转账支票存根00211510#</td><td>17,113.76</td></tr>
<tr><td>交行-进账单-九州京九物流有限公司</td><td>17,113.76</td></tr>
<tr><td>增值税专用发票00651427#</td><td>17,113.76</td></tr>
<tr><td>2019-12-25</td><td>记-0041</td><td>5,000,920.69</td><td>收到宁波永盛园林货款</td><td>工行-收款单-宁波永盛园林景观材料有限公司</td><td>5,000,920.69</td></tr>
<tr><td rowspan="2">2019-12-25</td><td rowspan="2">记-0042</td><td rowspan="2">54,756.00</td><td rowspan="2">03046327#河南和盛/采购材料</td><td>采购入库单13121004#</td><td>48,456.64</td></tr>
<tr><td>采购专用发票03046327#</td><td>54,756.00</td></tr>
<tr><td>2019-12-25</td><td>记-0043</td><td>344,195.02</td><td>支付杭州三本货款</td><td>交行-结算业务申请书38604904#</td><td>344,195.02</td></tr>
<tr><td>2018-12-26</td><td>记-0044</td><td>10.50</td><td>支付电汇手续费</td><td>交行-付款通知书</td><td>10.50</td></tr>
<tr><td rowspan="2">2019-12-27</td><td rowspan="2">记-0045</td><td rowspan="2">8,256,508.00</td><td rowspan="2">02086132#广州天邦/销售商品</td><td>销售发货单13126003#</td><td>8,256,508.00</td></tr>
<tr><td>销售专用发票02086132#</td><td>8,256,508.00</td></tr>
<tr><td>2019-12-27</td><td>记-0046</td><td>1,945,029.79</td><td>收到广州天邦货款</td><td>工行-收款单-广州市天邦塑料制品有限公司</td><td>1,945,029.79</td></tr>
<tr><td rowspan="3">2019-12-27</td><td rowspan="3">记-0047</td><td rowspan="3">7,672.62</td><td rowspan="3">支付发广州天邦货物铁路运费</td><td>交行-转账支票存根00211511#</td><td>7,672.62</td></tr>
<tr><td>交行-进账单-九州京九物流有限公司</td><td>7,672.62</td></tr>
<tr><td>增值税专用发票00670097#</td><td>7,672.62</td></tr>
<tr><td>2019-12-28</td><td>记-0048</td><td>0.00</td><td>收到存款利息</td><td>交行-存款利息通知单</td><td>876.56</td></tr>
<tr><td>2019-12-29</td><td>记-0049</td><td>0.00</td><td>收到存款利息</td><td>工行-存款利息通知单</td><td>469.26</td></tr>
<tr><td>2019-12-30</td><td>记-0050</td><td>2,600,000.00</td><td>收到广州天邦07811576#银行承兑汇票</td><td>银行承兑汇票07811576#</td><td>2,600,000.00</td></tr>
<tr><td>2019-12-30</td><td>记-0051</td><td>1,655.00</td><td>支付陈三刚报销费用</td><td>原始单据粘贴单-陈三刚</td><td>1,655.00</td></tr>
<tr><td>2019-12-30</td><td>记-0052</td><td>6,000.00</td><td>发放股利，款项存入资金专用账户</td><td>证券资金账户对账单</td><td>6,000.00</td></tr>
<tr><td rowspan="2">2019-12-30</td><td rowspan="2">记-0053</td><td rowspan="2">2,000.00</td><td rowspan="2">支付新材料试制费</td><td>交行-转账支票存根00211512#</td><td>2,000.00</td></tr>
<tr><td>增值税普通发票00542012#</td><td>2,000.00</td></tr>
<tr><td rowspan="2">2019-12-30</td><td rowspan="2">记-0054</td><td rowspan="2">5,000.00</td><td rowspan="2">支付职工培训费</td><td>交行-现金支票存根00211513#</td><td>5,000.00</td></tr>
<tr><td>增值税普通发票04201864#</td><td>5,000.00</td></tr>
<tr><td>2019-12-31</td><td>记-0055</td><td>2,000.00</td><td>结转费用化研发支出</td><td>—</td><td>2,000.00</td></tr>
</table>

续表

| 业务日期 | 凭证号 | 凭证总金额/元 | 业务说明 | 附件明细 | |
|---|---|---|---|---|---|
| | | | | 票据 | 金额/元 |
| 2019-12-31 | 记-0056 | 289,483.06 | 计提本月应付职工薪酬 | 2019年12月份工资汇总表 | 289,483.06 |
| 2019-12-31 | 记-0057 | 66,171.36 | 代扣个人应交社会保险费、住房公积金及个人所得税 | 附件见记0056# | 66,171.36 |
| 2019-12-31 | 记-0058 | 85,799.45 | 计提本月社会保险 | 2019年12月社会保险及住房公积金计算汇总表 | 85,799.45 |
| 2019-12-31 | 记-0059 | 34,097.44 | 计提本月住房公积金 | 附件见记0058# | 34,097.44 |
| 2019-12-31 | 记-0060 | 81,778.32 | 计提本月固定资产折旧 | 自制-固定资产折旧表 | 81,778.32 |
| 2019-12-31 | 记-0061 | 17.00 | 普通销售/零售客户（网店） | 销售发货单13126004# | 17.00 |
| 2019-12-31 | 记-0062 | 18,079.38 | 支付发广州天邦货物铁路运费 | 交行-转账支票存根00211514# | 18,079.38 |
| | | | | 交行-进账单-九州京九物流有限公司 | 18,079.38 |
| | | | | 增值税专用发票00671448# | 18,079.38 |
| 2019-12-31 | 记-0063 | 5,789.67 | 计提本月工会经费 | 自制-工会经费计提明细表 | 5,789.67 |
| 2019-12-31 | 记-0064 | 5,210.69 | 计提本月教育经费 | 自制-教育经费计提明细表 | 5,210.69 |
| 2019-12-31 | 记-0065 | -268,547.07 | 冲回原计提坏账准备 | — | -268,547.07 |
| 2019-12-31 | 记-0066 | 110,000.00 | 发放管理团队下半年安全奖 | 交行-现金支票存根00201422# | 110,000.00 |
| | | | | 2019年7—12月安全奖 | 110,000.00 |
| 2019-12-31 | 记-0067 | 0.00 | 平均分摊机修车间制造费用进生产车间 | 自制-平均分摊机修车间制造费用明细表 | 34,944.38 |
| 2019-12-31 | 记-0068 | 150,681.99 | 结转制造费用进生产成本 | 自制-结转各车间制造费用明细表 | 150,681.99 |
| 2019-12-31 | 记-0069 | 13,400,539.01 | 生产车间领用原材料 | 领料单13125001#-13125017# | — |
| | | | | 自制-原材料收发存月报表 | 13,400,539.01 |
| 2019-12-31 | 记-0070 | 0.35 | 出库调整单（电算化操作业务） | 自制-出库调整单（注：按照实际材料进出库调整相应数据） | 0.35 |
| 2019-12-31 | 记-0071 | 0.00 | 结转镀锌车间的成本进拉丝车间的生产成本 | 自制-结转镀锌车间生产成本明细表 | 85,765.33 |
| 2019-12-31 | 记-0072 | 13,779,343.46 | 结转完工产品成本（自制加工） | 产品入库单13122001#～13122020# | — |
| | | | | 自制-产成品成本分配表 | 13,779,343.46 |
| 2019-12-31 | 记-0073 | 44,526.80 | 零售结算(直营店) | 直营销货清单1312001# | 44,526.80 |
| | | | | 销售发票05863209# | 44,526.80 |
| 2019-12-31 | 记-0074 | 12,170,275.53 | 结转已售库存商品成本（普通销售、网店） | 调拨单18120001#～18120003# | — |
| | | | | 自制-库存商品收发存月报表（普通库/网店库） | 12,170,275.53 |
| 2019-12-31 | 记-0075 | -0.08 | 出库调整单（电算化操作业务） | 自制-出库调整单（注：按照实际材料进出库调整相应数据） | -0.08 |
| 2019-12-31 | 记-0076 | 34,265.75 | 结转零售商品成本 | 自制-库存商品收发存月报表（直营库） | 34,265.75 |

续表

| 业务日期 | 凭证号 | 凭证总金额／元 | 业务说明 | 附件明细 | |
|---|---|---|---|---|---|
| | | | | 票据 | 金额／元 |
| 2019-12-31 | 记-0077 | 332,055.26 | 销售部东风货车报废 | 固定资产报废单 | 332,055.26 |
| 2019-12-31 | 记-0078 | 50,000.00 | 处置销售部东风货车收入（该货车进项税额已抵扣） | 增值税普通发票 05863210# | 50,000.00 |
| | | | | 交行－回执单 | 50,000.00 |
| 2019-12-31 | 记-0079 | 1,000.00 | 处置东风货车搬运费 | 费用报销单 | 1,000.00 |
| 2019-12-31 | 记-0080 | 26,645.03 | 结转东风货车清理损益 | — | 26,645.03 |
| 2019-12-31 | 记-0081 | 367,479.16 | 转出未交增值税 | — | 367,479.16 |
| 2019-12-31 | 记-0082 | 44,097.49 | 计提本月税金及附加 | — | 44,097.49 |
| 2019-12-31 | 记-0083 | 13,395,144.39 | 结转期间损益 | — | 13,395,144.39 |
| 2019-12-31 | 记-0084 | 12,412,269.50 | 结转期间损益 | — | 12,412,269.50 |
| 2019-12-31 | 记-0085 | 709,723.71 | 计提第四季度企业所得税（10—11月利润总额为1,856,019.95） | — | 709,723.71 |
| 2019-12-31 | 记-0086 | 709,723.71 | 结转所得税费用 | — | 709,723.71 |
| 2019-12-31 | 记-0087 | 5,171,530.86 | 结转本年利润 | — | 5,171,530.86 |
| 2019-12-31 | 记-0088 | 775,729.63 | 提取盈余公积（法定10%，任意5%） | — | 775,729.63 |
| 2019-12-31 | 记-0089 | 775,729.63 | 结转未分配利润 | — | 775,729.63 |
| 2019-12-31 | 记-0090 | 54,756.00 | 调整往来账款 | — | 54,756.00 |
| 2019-12-31 | 记-0091 | 752,103.86 | 调整往来账款 | — | 752,103.86 |

# 第六部分
# 财务分析

## 一、财务分析的内容和意义

财务分析是指根据企业财务报表等信息资料，采用专门的方法，系统分析和评价企业财务状况、经营成果以及未来发展趋势的过程。财务分析可以出反映企业运营过程中的利弊得失和发展趋势，从而为改进企业财务管理工作和优化经济决策提供重要财务信息。

不同主体出于不同的利益考虑，对财务分析信息有着不同的要求。

作为投资人，企业所有者关心其资本的保值和增值状况，因此较为重视企业盈利能力指标，主要进行企业盈利能力分析。

企业债权人因不能参与企业剩余收益分享，首先关注的是其投资的安全性，因此更重视企业偿债能力指标，主要进行企业偿债能力分析，同时也关注企业盈利能力分析。

企业经营决策者必须对企业经营的各个方面，包括营运能力、偿债能力、盈利能力及发展能力的全部信息予以详尽地了解和掌握，主要进行各方面综合分析，并关注企业财务风险和经营风险。

通过财务指标分析，可以判断企业的财务实力，可以评价和考核企业的经营业绩，可以寻求提高企业经营管理水平和经济效益的途径，可以评价企业的发展趋势。

## 二、财务分析的方法

### （一）比较分析法

财务报表的比较分析法是指对两个或两个以上的可比数据进行对比，找出企业财务状况、经营成果中的差异与问题。

根据比较对象的不同，比较分析法分为趋势分析法、横向比较法和预算差异分析法。趋势分析法的比较对象是本企业的历史；横向比较法比较的对象是同类企业，如行业平均水平或竞争对手；预算差异分析法的比较对象是预算数据。

### （二）比率分析法

比率分析法是通过计算各种比率指标来确定财务活动变动程度的方法。比率指标主要有构成比率、效率比率（如成本利润率）和相关比率（如流动比率）三类。利用构成比率，可以考察总体中某个部分的形成和安排是否合理。例如，企业资产中流动资产、固定资产和无形资产占资产总额的百分比等。

### （三）因素分析法

因素分析法是依据分析指标与其影响因素的关系，从数量上确定各因素对分析指标的影响方向和影响程度的一种方法。因素分析法主要包括连环替代法和差额分析法。例如，营业利润的影响因素是产品的单价、销售数量、成本、费用。

## 三、财务分析指标

### （一）偿债能力分析

偿债能力分析如图 6-1 所示。

- 偿债能力分析
  - 短期偿债能力
    - 营运资金 = 流动资产 — 流动负债
    - 流动比率 = 流动资产 ÷ 流动负债
    - 速动比率 = 速动资产 ÷ 流动负债
    - 现金比率 =（货币资金 + 交易性金融资产）÷ 流动负债
  - 长期偿债能力
    - 资产负债率 = 负债总额 ÷ 资产总额 ×100%
    - 产权比率 = 负债总额 ÷ 所有者权益 ×100%
    - 权益乘数 = 资产总额 ÷ 所有者权益
    - 利息保障倍数 = 息税前利润 ÷ 全部利息费用

**图 6-1**

### （二）营运能力分析

营运能力分析如图 6-2 所示。

- 营运能力分析
  - 流动资产营运能力分析
    - 应收账款周转率 = 销售收入净额 ÷ 应收账款平均余额
    - 存货周转率 = 销售成本 ÷ 存货平均余额
    - 流动资产周转率 = 销售收入净额 ÷ 流动资产平均余额
  - 固定资产营运能力分析：固定资产周转率 = 销售收入净额 ÷ 固定资产平均净值
  - 总资产营运能力分析：总资产周转率 = 销售收入净额 ÷ 平均资产总额

**图 6-2**

### （三）盈利能力分析

盈利能力分析如图 6-3 所示。

盈利能力分析
- 销售毛利率 =（销售收入－销售成本）÷ 销售收入
- 销售净利率 = 净利润 ÷ 销售收入
- 总资产净利率 = 净利润 ÷ 平均总资产 = 销售净利率 × 总资产周转率
- 净资产收益率 = 净利润 ÷ 平均所有者权益 = 总资产净利率 × 权益乘数

图 6–3

## （四）发展能力分析

发展能力分析如图 6–4 所示。

发展能力分析
- 销售收入增长率 = 本年销售收入增长额 ÷ 上年销售收入 ×100%
- 总资产增长率 = 本年总资产增长额 ÷ 年初资产总额 ×100%
- 营业利润增长率 = 本年营业利润增长额 ÷ 上年营业利润总额 ×100%
- 资本保值增值率 = 扣除客观因素后的期末所有者权益 ÷ 期初所有者权益 ×100%
- 资本积累率 = 本年所有者权益增长额 ÷ 年初所有者权益 ×100%

图 6–4

## （五）现金流量分析

现金流量分析如图 6–5 所示。

现金流量分析
- 获取现金能力的分析
  - 销售现金比率 = 经营活动现金流量净额 ÷ 销售收入
  - 每股营业现金净流量 = 经营活动现金流量净额 ÷ 普通股股数
  - 全部资产现金回收率 = 经营活动现金流量净额 ÷ 平均总资产
- 收益质量分析
  - 净收益营运指数 =（净利润－非经营净收益）÷ 净利润
  - 现金营运指数 = 经营活动现金流量净额 ÷（经营净收益 + 非付现费用）

图 6–5

# 第七部分

# 纳税申报

纳税申报是指纳税人按照税法规定的期限和内容向税务机关提交有关纳税事项书面报告的法律行为，是纳税人履行纳税义务、承担法律责任的主要依据，是税务机关税收管理信息的主要来源和税务管理的一项重要制度。

## 一、税种的核定

核定税种指由主管公司税务的专管员根据公司的实际经营特点和经营范围，正确核定企业应纳税种（主要有增值税、企业所得税、个人所得税、城市维护建设税、教育费附加等）、税目。

新企业在取得统一社会信用代码证书之日起 1 个月内要到税务所专管员处申请税种核定，对于半年之内仍未申请核定或已申请核定未购买发票的企业，税务部门有权将其列入非正常户，并处以行政处罚。

公司一旦和专管员核定税种成功后，要在第二个月上旬准备报税。通常报税都是申报上一个月公司应缴纳税款。

## 二、申报期限

（1）缴纳增值税的纳税人，以 1 个月为一期纳税的，于期满后 15 日内申报；以 1 天、3 天、5 天、10 天、15 天为一期纳税的，自期满之日起 5 日内预缴税款，于次月一日起十五日内申报并结算上月应纳税款。

（2）缴纳企业所得税的纳税人应当在月份或者季度终了后 15 日内，向其所在地主管税务机关办理预缴所得税申报。企业应当自年度终了之日起 5 个月内，向税务机关报送年度企业所得税纳税申报表，并汇算清缴，结清应缴应退税款。

（3）自行申报缴纳个人所得税的纳税人，应在纳税年度终了后 3 个月内向主管税务机关办理纳税申报；代扣代缴申报的，扣缴义务人每月所扣的税款，应当在次月 7 日内缴入国库，并向主管税务机关报送“扣缴个人所得税报告表”，代扣代收税款凭证，包括每一纳税人姓名、单位、职务、收入、税款等内容的支付个人收入明细表，以及税务机关要求报送的其他有关资料。

（4）对于城市维护建设税、教育费附加，纳税人在申报增值税的同时进行申报。

（5）其他税种，税法已明确规定纳税申报期限的，按税法规定的期限申报；税法未明确规定纳税申报期限的，按主管国家税务机关根据具体情况确定的期限申报。